もう仕事も人生も「値引き」しない

人間関係がよくなる新しい生き方

山崎真理
Yamasaki Mari

◆はじめに

今、あなたは、どんな思いでこの本を手に取ってくださったのでしょう。タイトルに心惹かれてでしょうか。それとも、自己啓発に役立てたいという思いからでしょうか。こうしてご縁をいただき、私の本を選んでくださったあなたに、心から感謝します。


ところで、あなたは「値引き」と聞くと、どんなことを思い浮かべますか。

スーパーマーケットやデパートでの値引きや、電機店での値引きがまず浮かぶことでしょう。本来の値段よりも安くなっており、消費者にとっては〝お得感〟をもたらす言葉として日常よく使われています。

しかし、この「値引き」というのは、心理学用語のひとつでもあります。

心理学の世界では、決してお得な効果はなく、「現実を歪めて問題解決には向かわない」という意味で使われています。


ランチタイムにある飲食店に入ったときのことです。

私たちは「日替わりランチ」を注文しました。そのすぐあとに、隣の席にお客さまが入ってきて、私たちと同じ「日替わりランチ」を注文している声が聞こえてきました。数分後、店員さんがお盆にのせた「日替わりランチ」を、隣の席のお客さまに先に出しているではありませんか……。

さて、この光景を目にした瞬間、先に入店したあなたは何を思い、どのような行動をとりますか。

「おかしいわよね。私たちの方が先に来て注文したのに……どうなってんの！この店！」

「まったく！感じ悪いわよね……」

「教育ができていないわよね……」

テーブルを囲んで友人とブツブツ文句を言って、無駄な時間を過ごしてしまうことはありませんか。

このように、すぐさま店員さんに確認をしないまま、テーブルで文句を言うだけの行動をとったならば、それが「値引き」なのです。つまり、問題解決にエネルギーを使う代わりに、行動をストップする方にエネルギーを使うのです。

本書では、今まで知らず知らずに陥っていた「値引き」のからくりに着目し、日常生活の事例を具体的に「方法論」で示していきます。
そして、自分や相手を値引きしないために、「誰にでも」「お金をかけず」「すぐできる」効果絶大の処方箋を紹介することで、ご機嫌な人生を手に入れることができる実践本としました。

この本が、日常のきまずいパターンから抜け出す気づきのチャンスとなり、あなたにとって、〝なりたい自分〟と〝わくわくする人生〟の両方を手に入れるきっかけとなることを心から願っています。

Contents

第3章 「値引き体質」一直線のNGワード 53

第4章 「無意識の値引き」が引き起こす問題解決しない4つのわけ 77

第7章 「値引きしない勇気」はあなたの内なる勝利 —— 159

第8章 「値引きしない生き方」こそが一流への近道 —— 179

第1章

私たちは「値引き」に包まれて生きている

人間は、自らイライラ気分を選んで時間を過ごしている

あなたが、ランチタイムに一人である店に入ったと想像してください。

先ほどの事例のように、「日替わりランチ」を注文しました。そして、後から来店した隣のお客さまも同じものを注文しました。しかし、先に隣のテーブルに料理が提供されています。

さて、この場合、先に入店したあなたは何を思い、どのような行動をとりますか。

1 何も言わず、店員さんをじっとにらみつける
2 テーブルをトントン小刻みに叩く
3 喉が渇いていないのに、何度も水を飲む

これらは、すべて自分のエネルギーを問題解決に直接向けず、〝イライラ行動〟をしています。つまり、自分の「能力」を値引きしているのです。

また、ときどき大声で「どうなってんだ！この店は！」と怒鳴るお客さまもいます。この行為は、自分の「人格」を値引きしているといえます。大人であれば、怒鳴ることなく

現状を尋ねる方法があるのに残念な光景です。

値引き改善のヒント

値引きとは、「自分や相手、現実の状況を過小評価したり無視して、現実を歪める心の中のからくり」です。

この場合、「あれっ！」と気づいたなら、すぐ店員さんに「私の方が先に来て日替わりランチを注文したのですが、どうなっていますか？」と冷静に尋ねることで問題解決に向かいます。

「日替わりランチはできているのですが、お出しする順番を間違えてしまいました」

「お客さまのオーダーが抜かっておりました。すぐにお作りしますので、あと五分ほどお待ちいただけますか」

「こちらの手違いで日替わりランチは終わってしまいました。カレーでしたらすぐにご用意できますが、いかがですか」

このようなパターンの中からいずれかの解決法が見つかり、何とか一時間の休憩時間内にランチにありつけることでしょう。

値引き改善の
ヒント

つい「ブツブツ……」「イライラ……」をしてしまう傾向があるあなたは、〝今、ここ〟でどんな働きかけができますか。

質問したいことがあっても、抑える方にエネルギーを使っている

私は研修講師として、主に心理学を活用したセミナーや企業研修を行なっています。

いつも研修の冒頭に、「値引き」の言葉の意味を説明します。そして「本日の研修は、値引きしない自分を意識して参加してください。分からないことがありましたら、どうぞ質問してください」とお伝えします。

しかし、多くの参加者は「こんな内容で流れを止めては申し訳ない」とか、「こんな簡単な質問をするのはみっともない」という思いが交錯して、質問することにエネルギーを使わず、質問を抑える方にエネルギーを使ってしまう傾向が多く見受けられます。

これが「値引き」の行動なのです。では、値引きをするとどうなるでしょう。質問がないということで、理解されているのだと安心して話をどんどん進めていきます。しかし、理

解できなかった参加者は、そのことがぐるぐると頭の中をめぐり、気になって次の説明が耳に入ってこない状況に陥ってしまいます。

今では、カリキュラムの節目ごとに「ここまでのところで質問はありませんか？」「みなさん、値引きしていませんか？」と尋ねると、はにかんだ表情で「ひとつ、聞いてもいいですか……」と言って質問する参加者が徐々に増えてきました。嬉しい悲鳴の研修になるケースにも遭遇しています。質問をくれた人には「○○さん、なかなか鋭い質問をありがとうございます」と言って、その勇気に対して感謝の気持ちを伝えています。

ときにはカリキュラムを度外視してでも、その参加者からの質問を大切に扱い、全体質問として全員で共有し、私自身が値引きすることなく真摯に向き合うこともあります。

人は、二度説明を聞くことで理解が深まります。「なるほど！さっきの内容はそういうことだったのか。彼の質問のおかげでスッキリ明快になったな」というまわりの反応も伝わってきます。

たった一人の、たった一つの質問から、参加者全員の問題解決に向かうという副産物が得られることの大きさを痛感しています。

人は簡単に値引きをします。

今、電話を一本入れておけば最終確認を取ることができるのに……。
今、伝票を取り出せば、わずかな時間で数量の再確認ができるのに……。
今、上司のところに行って、ひとこと中間報告をしておけば、双方が安心して次の仕事をスムーズに進めることができるのに……。

「まっ、いいか」で済ませてしまい、やがて大きなミスにつながるケースはよくあることです。このように、どんな些細な「値引き」も、問題解決には向かわないのです。

また、会議の席で「あれ？それはどういう意味かな？」と、疑問がわいたときも、「まっ、いいか」で流さずに、理解に向けた働きかけをしましょう。質問をしないまま座っていても、その議案に真剣に取り組めないでしょう。結局、最後まで無意味な時間を過ごすことにもなりかねません。

値引き改善のヒント

心の中の「?」を「!」にしていく習慣を身につけましょう。

一対一なら挨拶できるのに、一対大勢になるとなぜか黙ってしまう

研修の冒頭で「値引き」の説明をした直後に、私が「それでは午後五時まで、どうぞよろしくお願いいたします」と挨拶をしておじぎをします。すると、どうでしょう。ほとんどの参加者が無言のまま、頭だけ下げるのです。先ほど「値引きしない自分を意識して参加してください」とお伝えしたにもかかわらず……です。廊下であなたに一対一で「よろしくお願いします」と挨拶したら、きっとあなたも「よろしくお願いします」と挨拶を返してくれることでしょう。しかし、こうして一対大勢になると、なぜか人は挨拶を端折ってしまい、黙って頭だけ下げるという行動をとってしまいます。

「大勢いるのだから、別に自分一人くらい挨拶しなくてもいいや」

「とりあえず頭さえ下げときゃいいだろう」

こんな気持ちが心の中で起きてしまい、あえて「よろしくお願いします」と、声に出して挨拶することを値引くのです。

ここでは、どんなにご年配の参加者がいても、私が値引きをすることなく、講師としての役目を果たしています。

管理職研修やリーダー研修の場合には、続けてこう伝えます。

「管理職であるみなさんが、こうして挨拶をしない姿を見せていると、部下は、この職場は挨拶しなくていいんだ。と受け止めます。部下は上司の背中を見て育ちます。挨拶が大事という一〇〇回の言葉よりも、あなたの一回の行動が部下の指導につながります。値引きをせず背中の教育を徹底していきましょう」と……。

これを最初にはっきりと伝えることで、休憩時間の前後には「お疲れさまでした」「よろしくお願いします」というさわやかな挨拶が自発的に全員から届くようになります。こうして参加者のみなさんと心の交流が保てることで、とても気持ちよく研修を進めることができ、その結果、研修の密度も濃くなっていきます。

人は、意識していないと、すぐにこの値引きのスパイラルに陥ってしまいます。そのことに気づき、いかに次の行動にうつしていくか、自分の心との対決だと日々感じています。

値引き改善のヒント

変えることができるのは、自分の次の行動なのです。

心理学では、「人間はストロークを求めて生きている」と言われています。

「ストローク」とは、言葉や態度をとおして相手の存在を認めるすべての働きかけ。つまり**「存在認知」**のことです。

目線を合わせる、ほほ笑む、相づちを打つ、挨拶する、傾聴する、親切に教える、ほめる、励ます、信頼する、任せる、情報を知らせる、拍手するなどの行為によって「あなたを認めていますよ」「気にかけていますよ」というふれあいをしていきましょう。

子どもは養育者から、学生は先生から、部下は上司や先輩から、患者はドクターやナースから、そしてお客さまは店員さんから、日々ストロークを求めて生きているのです。

値引き改善のヒント

ストロークは〝心の栄養素〟、生きていくために欠かせないものなのです。

男性がつい悪酔いしてしまうそのからくりとは

仕事の世界では、どちらかといえば、厳しい風土が定着しています。つまり、肯定的ストローク（ほめる・ねぎらう・感謝するなど）は得られにくく、否定的ストローク（批判・叱責・ダメ出しなど）の方が得られやすいのが現状です。つまり職場では、自分なりに精一杯仕事をしていても、それに見合った評価や称賛を、日々もらえることは少ないといえます。

特に「仕事はできて当たり前。期待以上の仕事に取り組んでくれ！」という上司の下では、部下にとっては自分の欲しいストロークを得ることは、なかなか期待できません。

そんな職場生活が続き、肯定的ストロークが不足してくると、人の心の中は心理的に飢餓状態となります。そして、否定的でもいいから何らかのストロークが手に入る行動をとるようになります。

否定的ストロークでも、ない状態よりましなのです。

今日一日、肯定的ストロークがもらえないと、人は自分の欲しいストロークを得るために時間を過ごそうとします。そこで、足が向くのが赤ちょうちん……

【事例】

同僚Ａ「ぼくは、つくづく自分がこの仕事に向いていないと思うんだ……」

同僚Ｂ「そんなことないよ。毎日与えられた仕事を、ちゃんとこなしているじゃないか」

同僚A「いや〜、あんな仕事は誰だってできることさ」
同僚B「そんなことないって。昨日の報告書もよく書けてるって、課長はほめてたよ」
同僚A「そうなの？　だけど、課長はなぜぼくに直接そのことを言ってくれないんだ」
同僚B「課長も忙しくて、ついそのタイミングをはずしたんだろう」
同僚A「そうかなぁ、いや、ちがう！　ぼくは課長に嫌われているんだ」
同僚B「またまた、そんなこと言って……　じゃあ、直接課長に自分の評価を聞いてみればいいじゃないか」
同僚A「うん、でもなぁ、課長はそんな時間を割いてくれないよ」
同僚B「それじゃあ、もっと頑張って仕事の成果を出してみたら？」
同僚A「そうだね。でも、今さらぼくにはムリだよ。勉強なんて嫌いだし……」
同僚B「それなら、一度、○○先輩に相談してみたら？」
同僚A「うん、でも、○○先輩は、僕とは気が合わないんだ」
同僚B「そうなの？　○○先輩は面倒見がいいぜ」
同僚A「たしかに。でも、あの押しつけがましいところがイヤなんだ」
同僚B「じゃあ君は、いったいどうしたいんだ」
同僚A「それがわからないから、こうして君に相談しているんじゃないか」

同僚B「ああ言えばこう言う……　もう勝手にしろよ！」

お気づきでしょうか。楽しいはずの飲みニケーションの場が、最後には一変してお互いが不快な気分で終わっています。

このやりとりは、ストローク不足に陥っているAさんが、Bさんに同情的なアドバイスを求めて、問題を投げかけることから始まります。それに対して、Bさんは「こうしたらどうか」「それなら、〜すれば」と親身になって乗ってきます。これは、かなりの時間を費やすことができて、しかも濃密なやりとりとなります。言い換えれば、Aさんにとっては退屈することなく、ストロークをたっぷりと得られる時間を過ごせるわけです。

表面上は「それなら、〜すれば」「うん、でもね」というように、テンポのよい会話をしているかのようです。しかし、このAさんの心の中には「絶対、君の言いなりになんかなるものか」「ぼくを助けようとしても、そうはさせないぞ」という、隠された意図があるのです。最後のところでBさんの「もう勝手にしろよ！」という結末に至ったとき、Aさんの意図は達成される。という心理的なからくりが潜んでいます。

これは、日頃職場で仕事ぶりを認めてもらったり、ほめられるといった肯定的なストロークが得られないことで、Aさんの心の中が渇いてきます。すると、否定的でもいいから何とかストロークをもらって心を満たそうとする行動をとるのです。こうしてお酒の量も増えていき、こじれた会話が延々と続くことで、悪酔いに至るというケースにつながります。何とも、生産性のない歪んだやりとりですね。

では、こんな気まずいやりとりを止めるには、どのような行動をとればいいのでしょうか。

まず、親身になって相談に乗るBさんが「おや、以前にもこんな会話があったな」「たしか、最後はイヤな気分になったな」ということに気づくことです。この冷静な〝気づき〟が、こじれたやりとりを早期に切りあげることにつながります。

次の段階では、親身になってAさんに関わるのをやめることです。そして、平常心で穏やかに「君はどうすればいいと思っているの？」と、ただ質問をするのです。

たまに、相談を受けたBさんが「そうだなぁ、ぼくだったらこうすると思うよ」と提案したりアドバイスをするケースも見受けられます。しかし、これは逆効果。Aさんから「そんなのダメだよ。理想論でしかないよ」などとあれこれ批判が始まり、この会話はいったい誰の問題なのか、本末転倒となります。

このように、Bさんの心の中には、同僚だから何とか助けてあげたいとAさんを大切に思う気持ちの中には、「自分が助けてあげないと彼はダメになる」という、Aさんに対する値引きがあるのです。

値引きは心の中で起こるものであり、外からは見えません。このことから、本人もなかなか気づきにくく、知らず知らずのうちに値引きが習慣化してしまうのです。

つまり、相談を受けたBさんが「私が何とか助けてあげなくっちゃ」という過干渉を捨てることが、こじれたやりとりに至らない最善策なのです。

万一、Aさんの話につい乗ってしまったら、結末でお互いが不快な気持ちにならないために、Bさんのとるべき行動があります。それは、強制的に話題を変えることです。

同僚B「ところで、今度の休み、何か計画あるの？」
同僚B「最近、どんな映画観たの？」

そして、日頃からAさんがストローク不足に陥らないように、絶えず肯定的なストロークをタイミングよく与えていくことを実践していきましょう。このことによって、Aさんの心の中は肯定的ストロークで満たされることになり、気まずいやりとりを繰り返し行なうことはなくなります。

少し長い時間と根気強さは必要とされますが、気まずい人間関係のたて直しにはおすすめの方法です。

値引き改善のヒント

問題は、問題を起こした人に返すことが、気まずいやりとりにならないコツ。

女性が衝動買いに走るそのわけとは

今まで、あなたがヘアスタイルを変えたあとの言動について思い出してみてください。

あなたにとってイメージチェンジをするのは、よほどの思いがあってのことでしょう。美容院から帰ったら家族は何て言うんだろう……彼はどんな反応をするのかなぁ……職場での反応は？？？　切る、切らない、染める、染めない、パーマをかける、かけない……迷ったあげく、ひとつのヘアスタイルができあがります。そして「ただいま〜」と家に帰ったものの、家族からのコメントは何もなし！

「……何！　このリアクションのなさは……」

そこで、彼女のとる行動は、デパートに直行、あるいは行きつけのブティックにまっしぐらとなるわけです。

つまり、ヘアスタイルについて何の反応も得られなかった彼女は、自分にとって最も居心地の良い環境に出かけて行くのです。そして、欲しいストロークをたっぷりもらって心を満たそうとするのです。店員さんは、お客さまの素敵なところや変化にいち早く気づいてほめることはお得意中のお得意。

店員「いらっしゃいませ。あ〜ら◯◯さま、ヘアスタイルを変えたのですね。とってもお似合いですよ」

その存在認知のひとことで、一瞬にして彼女の財布のひもがゆるむのです。人は、ほめられるといい気分になり、気が大きくなります。その結果、衝動買いに走ってしまうのです。このパターンから抜け出すための、とっておきの処方箋があります。次の第2章で詳しくお伝えします。

値引き改善のヒント

ストロークが得られない→デパートに直行→ストロークでご満悦→衝動買いに走るこの悪循環はいつものことと、あきらめていませんか。

人はなぜ値引きをするのか

私たちは、生きるための本能をもって生まれてきます。生まれたばかりの赤ちゃんは、ミルクを飲むことと、おむつが濡れた不快感を泣いて訴えることしかできません。

この乳児期は、泣けばお母さんがすぐに世話をしてくれて、自分の延長線上にいつもお母さんがいてくれる。私はここにいていいんだ。と大きな愛情を感じながら安心して育っていきます。しかし、ときにはお母さんの機嫌が悪かったり、つい後まわしにされることも起きます。いつもいつもお母さんがすぐに反応してくれるとは限りません。それでも赤ちゃんは、自分の自由な感情を満たすために、一段と大声で泣きわめいて欲求を訴えることを試みます。

しかし、大騒ぎをしても自分の思いのままにならないことを何度か経験すると、「私がダメだから、お母さんは世話をしてくれないんだ」と自分を軽視したり否定するような感じ方やとらえ方をするようになります。これが「値引き」の種となるのです。子どもながらに、生きのびるためには、自分の感覚を表出することを止めて、親に合わせた生き方を身につけてしまうのです。

やがて、幼児期になり、社会に出て適応していくためには、養育者からの判断力や問題を処理する能力に頼らざるをえない状況がやってきます。このときの子どもから見る親は、声も身体つきも巨人のように感じ、何でもできる立派な存在という誇張した受け止め方をします。その親に、子どもが自分の欲求を示したところ、すんなりと受け入れてもらえないことが起こります。ここでもまた「やっぱり、私はダメなんだ」と自分を過小評価することを経験します。こうして、何とか親に気に入られようとして、自分の感情や欲求を値引くことを身につけていきます。

やがて、親に承認してもらうために値引きをしてきた子どもは、大人になっても自分のことを一人の人格者として認めることができず、対応能力を軽視する傾向となり、歪んだものの見方をします。

このようにして、「私にはできない」「私になんて所詮無理なことだ」という値引きの体質を強化してしまうのです。

値引き改善のヒント

自分では何も考えることをせずに、「私は無力です。あなたの言うとおりにします」という心の持ち方は、軽視と誇張が同時に働いている値引きの行動です。

第2章

「値引き」をやめて、豊かさへのスイッチを入れる5つの習慣

1 「与え上手」になると、相手の自己重要感を満たす

さて、男性のあなたにお尋ねします。

あなたが散髪に行くのはいつですか。仕事帰りの夕方でしょうか。社会人のあなたは、散髪は休日に行くことが多いでしょう。これはあなたの上司にも同じ傾向があると考えられます。つまり、月曜日は上司の髪型がスッキリしている可能性が高いというわけです。

チャンスは月曜日の朝にあり！です。出勤した際、いつもの朝の挨拶にひと言、ストロークを加えてみましょう。

「○○課長、おはようございます。スッキリと散髪されていますね」

たったこれだけで、課長との人間関係が一週間良好に保つことができるのです。あなたは課長と目が合い、散髪してきたことに気づいたにもかかわらず、つい、いつもの「おはようございます」のひと言で済ませていませんか。

これが「値引き」です。散髪に限らず、新調したスーツやネクタイで出勤してきた上司や同僚に対しても、ストロークは円滑なコミュニケーションに効果を発揮します。

【改善例】

自分「○○課長、おはようございます。春らしいスーツですね」
課長「おっ、よく気づいてくれたね。どう？　似合ってる？」
同僚A「○○さん、おはようございます。　おっ、おニューのネクタイだね。今日のプレゼンにバッチリだよ！」
同僚B「ありがとう。気合いを入れてきたことが分かってくれて嬉しいよ」

このようなうるおいのあるストロークが朝から交わされることで、一日の仕事に向かう意気込みも違ってくることが期待できます。

さあ、目の前にいる人に〝ほめる〟〝認める〟〝ねぎらう〟のストロークを見つけたならば、言葉に出して気前よく与えていきましょう。このストロークは、もらった人だけが嬉しくなるだけではないのです。認められた人は、認めてくれた人に好意を持ちます。関心を持って関わろうとします。

「（私にストロークをくれた）あなたも、いつも笑顔で接客してくれて助かってるよ」
「（私をほめてくれた）あなたの、スピード感のある仕事ぶりは見習いたい姿だね」

値引き改善のヒント

GIVE AND TAKE〝与えること〟は〝もらえること〟。

与え上手な人は、実は高い確率でもらえる人でもあるのです。逆の言い方をすれば、最近、〝ほめてくれない〟〝認めてくれない〟〝ねぎらってくれない〟と思っている人は、ひょっとしてあなたが、相手のことを認めていない可能性があります。「私は、めったに人をほめない方針だから……」という生き方からは、とっとと卒業したいものですね。

そうは言っても、新人時代に毎日厳しく叱られ叩き上げの教育を受けてきた上司の中には、「今さら、部下をほめられるか」という考えをもつ人も少なからずいることでしょう。若い頃、ほめられなかった、認めてもらえなかったという自分の心の淋しさを痛いほど感じてはいるものの、「今さら……」と言って流してしまうのです。自分の辛かった経験を教訓にして、目の前にいる部下や後輩をほめて、やる気を引き出して育てていこう。と現実適応することなく、何年も昔のままのやり方を固持しているのも、値引きの行動といえます。

これは「あのとき自分がほめられなかったから、今さら人をほめるなんてできない」という考え方であり、「復讐衝動」と言われるものです。過去の経験をいつまでも引きずって、可能性のある現実に目を向けず、行動を値引いているなんて何ともったいないことでしょう。

人は、変容に対して肯定的ストロークを受けたことで成長するのです。

つまり「ほめて伸ばせよ」ということです。

昨日まで出来なかった仕事を、今日は一人でこなしている姿を目にしたならば、「おっ、○○さんは一人でできるようになったんだね。成長したね」とすぐにストロークを送ってみましょう。

ストロークされた行動は強化される

この上司のひと言が励みとなり、もっとその仕事を丁寧に確実に仕上げようと、部下は自発的に取り組む姿勢になるのです。

ある管理職研修でのことです。

このストロークを活用して部下のやる気を育てる話をしたあと、休憩時間に課長が歩み寄ってきました。

「いや～、山崎先生の研修を受けて反省しきりです。私は毎朝、ろくに部下の顔も見ずに、うつむいたまま小声でおはようを言ってきました。これじゃ、部下は育ちませんよね」と自分自身を分析してありのままを話してくれました。これを心理学では自己開示といいます。私はその課長の鋭敏な〝気づき〟と真摯な態度にとても好感が持てました。きっと今では、部下の顔を一人ひとり見ながら、元気な「おはよう」が響く職場環境になっていることでしょう。

また、大勢の社員や職員のいる部署で働いていると、毎朝、直接部下と話をする機会が持てないという現実もあります。午後になって、初めて部下と接する場面では、「やぁ、○○さん、今日はまだ話をしていなかったね。調子はどうだい?」と、顔を見ながら短いストロークを送ってみてください。部下は、上司は自分のことをちゃんと見てくれている。ということを再認識するでしょう。

人は、自分のことを価値のある存在だと思って生きていきたいのです。その上、相手からも、自分のことを価値のある存在だと認めてもらいたいと強く願っています。しかし、この思いは日常生活で満たされることは少なく、心はいつも物足りなさを感じているのが現実です。このように、自己重要感（自分が重要だと思われている状態）が満たされると、心が安定し、やる気も出てきます。そして、メンタルヘルス不調を予防することもできると言われています。

値引き改善のヒント

目の前にいる人以上に大事な存在はありません。

上司と部下の関係においては、何よりも部下のことを思い最優先に考えて行動していくことで、間違いなく部下の心に「君のことは大事な存在だと思っているよ」と直球で届くことでしょう。これが上司としての役割です。大きなストロークをまとめてドカンと送るより、このように小さなストロークを、日々送り続けることで、部下との心の距離感が縮まり、心身の健康を保つことができます。その上、やる気を引き出す動機づけとなって、職場の活性化にもつながっていくことでしょう。

値引き改善のヒント

ストロークは、〝量〟と〝質〟と〝タイミング〟を意識して送ることが、相手の心をつかむコツ。

2 「受け取り上手」になると、ほめられ体質になる

与えること（GIVE）を意識して相手と関わっていると、もらえること（TAKE）の機会もそれに比例して多くなってきます。

あなたは嬉しいストロークをもらったとき、どんな反応を返していますか。

【事例】

相手「○○さんのその水色のジャケット、素敵ですね」
自分「やめてくださいよ。これ安物なんですよ」
先輩「○○さんのメモの字、きれいで読みやすいわね」
自分「いいえ、大したことありません。このくらいの字、誰だって書けますよ」
上司「今日の○○さんの会議の資料、分かりやすくて助かったよ」
自分「いゃ～たまたまですよ。次回はご期待に沿えますかどうか……」

社長「あなたが、今年の優秀社員に選ばれた〇〇さんだね。素晴しいね」
自分「いえいえ、とんでもないです……」

こんな会話が続いたら、ほめた相手はどんな気分になるでしょう。

自分は、安物のジャケットをほめたんだ。見る目がなかったんだ。と傷つくかもしれません。あるいは、この人は何をほめても、「いえいえ……」とか「たまたま……」と言って受け入れてくれない人だ。どうやらほめてもらうことが嫌いな人らしい……と判断されるかもしれません。そして、ほめてもらえる機会を自ら失っていく結果となります。もったいない話ですね。

このように、肯定的ストロークを素直に受け取らないということは、自分自身の能力や価値を値引きした受け止め方です。その上、ストロークを与えてくれた相手も値引くことになるのです。


【改善例】

相手「〇〇さんのその水色のジャケット、素敵ですね」

自分「ありがとう！私もこの色に一目惚れして買ったんです。センスのいい〇〇さんに

ほめてもらって嬉しいです！」（相手のセンスの良さを認めるストロークを返している）
相手「○○さんこそ、いつも色のセンスがよくて、見惚れているのよ」

先輩「○○さんのメモの字、きれいで読みやすいわね」
自分「字をほめられるなんて感激です！　実は先輩のきれいな字を真似て書いているんです！」（先輩の字のきれいさを認めるストロークを返している）
先輩「あら、嬉しいわ。○○さんは字だけじゃなく、文章力もなかなかあるわね」

上司「今日の会議の資料、○○さんのおかげで分かりやすくて助かったよ」
自分「ありがとうございます。お役に立てて嬉しいです。○○課長のそのお言葉で、昨夜の苦労が報われました」（上司からの感謝の気持ちに対してストロークを返している）
上司「君の責任感のある仕事ぶりは立派だね。安心して任せることができるよ」

社長「あなたが、今年の優秀社員に選ばれた○○さんだね。素晴しいね」
自分「ありがとうございます。○○社長にほめていただき、励みになります」
社長「君は素直な心を持った人だね。ますます期待しているよ」

こんなふうに素直にストロークの授受ができると、周りで聞いている人までが心地いい気分になれるものです。

ここで、もうワンランク上の「受け取り上手」の事例をご紹介します。
私の心理学の師匠である精神科医の野間和子先生は、小柄で色白のややぽっちゃり型、そして私と同じく鼻がやや低くて愛らしい造作をしています。その野間先生には、日本人離れした彫りの深い美形で聡明、しかもでスタイル抜群のお嬢さんが二人いらっしゃいます。初めてそのお嬢さんにお会いしたときの会話です。

私「○○さんも○○さんも、本当に美しいお嬢さんですね。モデルさんみたい……」
先生「そうでしょう。だって私が産んだんですもの……。エヘヘ……」

この絶妙なストロークで、その場の雰囲気が笑いとともに一気に明るく弾みました。

値引き改善のヒント

人からほめられたら100%ありがたく受け取り、ちょっとおまけして「○○さんにほめてもらって嬉しい」と返すのがコツ。

3「求め上手」になると、自分の可能性が無限に広がる

今日はあなたの誕生日。

朝から、そわそわ……わくわく……しながら家族と朝、顔を合わせたものの、誰もそのことに気づいてくれません。このとき、心の中で「まったく！私の誕生日を忘れるなんてひどい！」と、がっかりして一気にプリプリ……の感情に浸ることになります。

あなたはどうしてほしいのでしょうか。何を求めているのでしょうか。

自分が欲しい「ストローク」（言葉や態度をとおして、相手の存在を認める行為）があれば、それを求めていいのです。

「おはよう。ねえ、今日、わたし、誕生日なんだ〜」と明るく言ってみましょう。きっと家族から「あら、そうだったわね。お誕生日おめでとう！」が笑顔とともに返ってくるはず。それだけで今日は特別な日となり、幸せな気分になることでしょう。その上「何か欲しいものはあるの？」と、とびっきり嬉しいストロークがおまけに付いてくるかもしれません。

職場でも「おはよう。今日、わたし、誕生日なんだ！」って勇気を出して伝えてみることで、ひょっとしたら「ランチ、おごってあげるね」と言ってもらえるかもしれません。「今晩、みんなで祝ってあげる！」ということも期待できるでしょう。

しかし、自分から、認めてほしい、ほめてほしいと要求することは人間として、はしたない行為で催促するものではない。と思っている人も多いはず。

この「求め上手になる」という話で衝撃を受けたことがあります。今までの私も、自分から「今日は私の誕生日なのよ」と伝えて、相手から「おめでとう」を言ってもらうことは、おねだりするようでみっともない行為だと思っていました。つまり、こちらから誕生日のことに触れることなく、相手から「真理さん、お誕生日おめでとう」と言ってくれることの方が本当に価値のあることだ。と思い込んでいたのです。

心理学の大家曰く「要求してもらったストローク（お誕生日おめでとう）も、要求することなくもらったストローク（お誕生日おめでとう）も価値はまったく同じです」

第1章で触れた、美容院から戻り、衝動買いに走る悪循環の処方箋とは、つまり自分からストロークを求めていけばいいのです。

イメージチェンジをしたヘアスタイルのことに対して、周りから何も言ってもらえないからといって悲しむ必要はありません。「この髪、似合っていないのかなぁ……」「老けて見えるのかなぁ……」と、気落ちすることからもさよならしましょう。

新調した洋服を来て出勤した朝、何のストロークももらえず「この色、似合っていないのかしら……」「センスがイマイチなのかしら……」と、モヤモヤしながら伏し目がちな態度になるのもやめましょう。

【改善例】
自分「ねぇねぇ、私、髪切ったんだけど、どう？　似合ってる？」
相手「あら〜、雰囲気が変わったわね。ショートカットも似合うわね」
自分「ねぇ、今日のこの服、私にとって初めて挑戦するピンクなんだけど、どうかしら？」
相手「顔が明るく見えて、ステキよ。とても上品なサーモンピンクね」

このときのポイントは、欲しいストロークをくれる人にねだることです。私たちはともすると、ストロークを快くくれない人にねだっていることがあります。これでは、かえって空しい思いが残るだけです。日頃から、自分にストロークをくれる人を見つけておきましょう。

とは言うものの、私たちは幼い頃から「人に自慢をするな」「天狗になるな」「ほめられてもうぬぼれるな」「有頂天になるな」など、躾《しつけ》を受けてきた背景があります。日本人として謙譲の美徳という風習の中で育った私たちにとって、この「求め上手になろう」という新たな関わり方には少し抵抗があるかもしれません。

しかし、本心を隠しておくことが奥ゆかしいという時代は終わりました。これからは、少し勇気を出して「今日、頑張って倉庫を片づけたのよ」や、「昨夜は遅くまで頑張ってこの資料を仕上げました」と伝えてみましょう。きっと感謝の言葉や、ねぎらいのストロークがあなたの元に心地よく届くことでしょう。

また、あなたが知りたい情報があるときや、手に入れたいチャンスが目の前に現われたとき、自分の思いを相手に要求できる姿を容易に想像できますか。

「こんなことを聞いて、失礼にならないかなぁ……」

「忙しい○○さんだから、何だか悪いなぁ……」

誰もが少なからず躊躇《ちゅうちょ》し、うしろ向きの言動になりがちです。しかし、ここは、ほんの少しの勇気を出して体当たりしてみることです。「ねぇ、ちょっと私の話を聞いてもらえる?」から始めてみましょう。

また、お願いするときはハッキリ伝えることがポイントです。

「私、このたび新たに○○を始めるにあたり、情報が欲しいのです。つきましては、ぜひともお顔の広い○○さんに、一度お話を伺いたいと願っています。お時間を作っていただけますか」

「私、今度、○○に挑戦する気持ちが固まりました。つきましては、ぜひとも経験豊富な○○さんに、効率的に進める方法についてアドバイスをいただけると大変助かります。私のお願いを聞いていただけますか」

このように、値引きをせず自分から積極的に求めていく関わり方によって、あなたの欲しかった情報を速やかに手に入れることができます。悶々としたストレスからも解放されて心も軽くなることでしょう。

その上、願ってもいないキーマンを紹介してくださるという、何ともラッキーな人生がその先に広がっていくことも日常にはよくある話です。

このようにして、自然な気持ちで、素直に「求め上手」をすればするほど、価値ある交流を自ら手に入れることができます。それを機に、自分の能力をさらに伸ばしながら、自分の可能性も広げることができるようになります。

値引き改善のヒント

「もらえない」と嘆くよりも、楽しく求めて、もらえる自分になることが、自分で自分を幸せにするコツ。

4 「断わり上手」になると、ストレスのない人生が加速する

私は小学校五年生のときに、すでに身長が158cmあるスポーツ万能の少女でした。その上、水泳部に入っていたので、夏は黒光りするほど健康的な肌をしていました。おまけに眉毛は太く、目は一重で男顔……そこでついたあだ名が、「ゴリラ」でした。このあだ名は嫌で嫌でたまりませんでした。クラスのみんなが名前で呼ばれているように、私も「真

理ちゃん」と呼んでほしいと願っていました。しかし、この悶々とした気持ちを自分から言い出せないまま、小学校の卒業式を迎えました。

今の私なら、はっきりこう言います。「私に親しみを込めてゴリラって呼んでくれる気持ちはわかるけど、私はゴリラって呼ばれるとすごく悲しい気持ちになるの。お願いだから、これからは、〝真理ちゃん〟って名前で呼んでくれない？」

あだ名は、その本人が気に入っているのか否かを、周りにはっきり意思表示しないと日に日に定着していきます。拒否しないということは、他人からすると「そのあだ名が気に入っているんだ。受け入れているんだ」と解釈されてしまいます。もし、あなたがあだ名のことで悩んでいるのであれば、ちょっと勇気を出して自分の思いを伝えてみませんか。

また、あなたは相手から誘われたとき、本当は行きたくない自分の気持ちをぐっと抑えて、無理して相手に合わせていませんか。

本当は体調が優れず、今夜は早く帰って休養したいと思っているのに、無理して遅くまでつきあってしまう。本当は自分の時間を大切に過ごしたいと思っているのに、相手のペースに押されて従ってしまう。本当は特に欲しいとは思っていない品物でも、友達の勧めだから無理して買ってしまう。

嫌だな。という本当の気持ちは自分でわかっているにもかかわらず、なぜ人は「断わると悪いから……」とか「申し訳ないので……」と思ってしまうのでしょう。

かつて私も八方美人で、断わり下手な一人でした。そんな私が、今では躊躇することなく断わることができるようになったのは、心理学に出会ってからのことでした。

断わるということは、**決して相手の存在や人格を否定しているのではなく、その状況や行為を否定しているだけのこと。**だから、もっと断わっていいのです。

これを学んだときには、目からウロコでした。欲しくないストロークは、受け取らない自由があったのです。このおかげで、さわやかなＮＯ！が言える自分に近づくことができました。

ただ、その言い方には配慮が必要です。誘ってくれた相手に断わりを言うときは、その理由をひと言付け加えることがポイントです。こうすれば人間関係を崩すことなく、お互いにストレスをため込まない関係を築くことができます。断わっても好印象を与える関係をめざしていきましょう。

【改善例】

◆職場で懇親会に誘われた場合

「懇親会に誘っていただきありがとうございます。ただ、今日は体調が優れないので早く帰って休みたいのです。申し訳ありません。またこの次お声をかけていただけますか」

◆友人から映画の誘いに対して

「映画に誘ってくれてありがとう。今度の日曜日は習い事の予定がすでに入っていて行けないの。ごめんね。よかったらまた誘ってね」

◆友人から食事の誘いに対して

「食事会に誘ってくれてありがとう。今回は天婦羅料理なのね。実は私、以前に膵炎を患ってから油ものは控えているの。また次の食事会に誘ってね。楽しみにしているから。次回は、できればオーガニックの野菜料理がある店だと嬉しいな」

◆上司からの執拗な誘いに対しては（ややパワハラに近いもの）

「今夜、仕事のあと、食事に行かないか?」と言われたときの対応です。

「私は行けません」（何か別の用事があるので……と相手は受け取る可能性があります）
「私は行きません」（私の意志で行きたくないのです。が上司に伝わります）
ここは、キッパリと、一言でＯＫです。
このように、たった一文字の違いで自分の意思が明確になり、相手に伝わるメッセージが大きく変わってきます。
嫌なことを嫌だと伝えることは、自分の心に対する自分自身の責任でもあります。自分から相手に、はっきりと「嫌だ」という気持ちを伝えることをせずに「私のことをわかってくれない」「嫌なことを押し付けられた」と受け止めることは、値引きの行動といえます。
断わることで相手を傷つけてしまったらどうしよう……という心配はもう無用です。相手の顔色をいつも気にしながら、自分の本当の気持ちを抑えてしまうなんて、心身の健康にもよくありません。もしも、断わったことで相手との仲がギクシャクしたら、それはそれだけの薄い人間関係だったんだ。と理解した方が賢明です。まずは自分の心を大切にして、ストレスのない毎日を過ごしていきましょう。
この対処法として、私の学んでいる心理学とカラーコーディネーターの師匠である下平久美子先生から、実に斬新な考え方を教えていただきました。

究極の考え方は「目の前の相手は、私が結婚する相手ではない」と思うこと。いかがですか。少し気持ちが楽になりませんか。

値引き改善のヒント

断わるときは、人格にふれず、その行為に対して正直に伝えることが、ストレスのない後味のいい関係を築くコツ。

5 「自分にほめ上手」になると、感動体質に変わる

あなたは、どんなときに自分をほめていますか。

勇気を出して自分の正直な気持ちを伝えることができたときですか。計画どおりに仕事が順調に進んだときですか。また頑張って目標達成できたときや、資格試験に合格したときでしょうか。

一日を振り返って「えらいぞ自分！　よく頑張ったね！」「今日はいい仕事したなぁ〜立派立派！」「お客さまからおほめの言葉をもらえるくらい私も成長してるんだ。すごい！」など、どんな些細なことでもいいのです。日々の生活の中で起きた小さなプラスの変化を、

心でとらえる習慣を身につけていくことで、自分の感動体質はぐんぐん高まっていきます。

「こんなに短時間で仕上げた自分って、すごい！」
「あの厳しいお客さまを笑顔に変えた私って、やるじゃん！」
「今日も仲間が私の身体を気遣ってくれた、感激〜！」

一方で、せっかく自分なりに精一杯頑張った一日にもかかわらず「あれは、〜すべきだったなぁ」「しかし、あれはまずかったなぁ」など、自分の努力を認めることに目を向けず、できなかったことに焦点を当ててくよくよ考える生き方もあるのです。どちらがより幸せに向かう確率が高いか、もうおわかりですね。

ところで、あなたは、毎朝目が覚めるということについて、当たり前のことと思っていませんか。

私は、これは奇跡だと思っています。なぜなら、夜中に心臓が止まることだってありえる話ですし、トイレで気分が悪くなって倒れる可能性もゼロではありません。

つまり、翌朝必ず、自分の臓器が規則正しく動いてくれて、元気に目が覚めるということは、まさに奇跡でしかありません。しかも、どこも痛くない、こわばらない、しびれていない、かゆくない、と感じて目が覚めた朝は、それはそれは感動ものです。こんなにもありがたい奇跡の一日をスタートすることができたわけですから、与えられた時間を大切に使い、精一杯自分のやることに使命感を持って向き合っていける自分でありたいものです。

そんな一日に感謝すると同時に、夜寝る前には、今日一日の締めくくりとして、良かったことや嬉しかったことを思い出して、自分をほめる習慣をつけていきましょう。たとえ失敗したり、お客さまからのクレームに気分がどん底の日であっても、見方を変えて「もっと上手いやり方があることを学ぶ貴重な経験をさせてもらった。ありがたい！ありがたい！」と思えばいいのです。

人は、失敗から学ぶことが何よりも大きな成長につながります。失敗を失敗のまま放置しておくことが最大の失敗と心得て、次から何をどう変えて対応していくかに焦点を当てて改善に取り組みましょう。

この自分をほめるという〝セルフストローク〟を日頃からたっぷり与えておくことで、自分が落ち込んだときでも意外と回復は早いものです。そして、身のまわりで起こる小さな感動にも、どんどん敏感になれます。

私は、自分をほめることを日課にしていますが、ごほうびを与えることも忘れずに喜びをもって実践しています。嬉しいことがあった日や充実感に満たされた日には、ウキウキしながら「○○記念日」「祝○○」と題して、それに見合った品物を自分にプレゼントします。初めて取り組んだ仕事を無事に終えたときは、手になじむ四色ボールペンだったり、とびっきりの記念日には、私のベストカラー（勝負色）であるロイヤルブルーの洋服やアクセサリーだったりします。そのごほうびを目にする度にいい思い出が蘇って、ご機嫌な気分に浸れるのです。

毎年十二月には、一年間頑張った自分へのストロークとしてプレゼントを贈っています。しかも、買ったその場で持ち帰らず、あえて後日デパートからリボン付きで配送してもらい、わくわく感を倍増させています。

これが逆に、失敗した日や不快な気分の日に品物を購入するとどうなるでしょう。それを見るたびに、イライラ……ムカムカ……を思い起こさせてしまう結果となり、その品物に愛着すら持てなくなります。衝動買いをしてうっぷんを晴らしたい気持ちはわかりますが、これはあまりお勧めできません。

値引き改善のヒント

人生の質を上げるために自分とのコミュニケーションも大事。自分にごほうびを贈ることで、それを味わってもいい存在であることを実感しよう。

第3章

「値引き体質」一直線のNGワード

「できない」は値引きを見破る言葉

あなたは日常生活の中で「できない」と思っていることはありませんか？

例えば、ダイエットができない。禁煙ができない。早起きができない。一日二十分のウォーキングができない。整理整頓ができない。など……。

それは、どうしてできないのでしょうか。その理由を自分に聞いてみましょう。

【事例】

著者「あなたは何ができませんか？」

自分「ダイエットができません」

著者「なぜ、ダイエットができないのですか？」

自分「甘いものが好きだからです」

著者「甘いものが好きという理由で、できないのはなぜですか？」

自分「疲れたときには、とくかく甘いものが食べたくなるのです」

著者「疲れたときに食べたくなるという理由で、できないのはなぜですか？」
自分「私にとって、唯一のストレス解消だからです」
著者「ストレス解消という理由で、ダイエットができないのはなぜですか？」
自分「…………」
著者「あなたは、ダイエットができないの？それとも、したくないの？」
自分「！！！」

もう、お分かりですね。
つまり、われわれが「できない」と言うときは「できない」のではなく、「しようとしていない」だけなのです。

値引き改善のヒント

本気でそれを「しようとさえすれば」問題は解決に向かい、道は開かれます。
これで今日から「できない」という値引きの言葉とは、さよならですね。

「どうせ私なんて……」は自分の価値を下げる言葉

ある大学で就職面接の指導をしているときのことでした。

自己PRをするにあたり、まず、自分の長所二つと短所一つをそれぞれ書いてもらいました。私の中では、きっと長所の方が書きやすく、すらすらと書きあげてから短所にペンが進むだろう。と思っていました。

しかし、「短所はいくらでも書けるのに、長所はひとつもない」と言ってペンが止まっているのです。見ると、短所はびっしり書いているものの、長所の欄は空白のままです。これは、自分を過小評価する「値引き」の行為であり、これから社会に出て羽ばたこうとしている若者にとって、何ともったいないことか。と思えて仕方ありませんでした。

「みなさん、長所というのは、誰かと比較して勝っている必要はないのです。これができる。このことはいつも意識して取り組んでいる。など、自分の中で勝っていればいいのですよ」と伝え、自信を取り戻していくよう指導しました。それでも学生は「でも、長所なんて自分にはない」「どうせ私には、長所なんて見つからない」と言って悶々としているのです。

この背景には、過去の失敗を貴重な学びとして糧にすることなく、失敗した自分は駄目なんだ。という諦めが見えてきます。また今までほめられた経験がないことから、「どうせ私なんてダメなのよ」というレッテルを貼って自己否定に走る習慣を身につけてしまったのでしょう。あるいは、よくできている周りの人と比べて、あの程度のレベルにまで達していないと、とても長所とは言えない。という高いハードルを自分に課している傾向も見受けられます。


あなたは行動をおこす前から「どうせ私なんて……」と言っていませんか。

「どうせ私なんて、何をやってもダメなのよ」

「どうせ私なんて、誰からも認めてもらえないのよ」

「どうせ私なんて、一回で合格できるなんて無理よ」


まだ、行動もしていないのに誰が無理と決めたのでしょうか。天の声でしょうか。いいえ、自分の心が、自分自身の価値を「値引き」しているだけなのです。人間は、無限の可能性を秘めていると私は信じています。ちょっと頑張れば自信をつけることができたり、人から信頼されたり、目標を達成できるのです。

「値引き」は、そんなあなたの貴重なパワーを意味なくマイナスの方向に費やしていきます。「どうせ私なんて……」という言葉を口にする人は、いかに自分が弱い人間であるかということを強調することで、相手の要求をうまくすり抜けようとする傾向があります。こうして、自分の責任のがれを身に付けてしまうと、いつまでも自分の力で問題を解決するという機会を逃してしまい、いっこうに成功体験が得られません。そして、ますます「どうせ私なんて……」という自己否定が加速していくパターンに陥ります。その結果、負のスパイラルから、何をやってもダメな結果を現実に手に入れてしまうのです。

「これができるようになったら、楽しいだろうなぁ」

「人から信頼されている自分を想像すると、何だかやる気も出るなぁ」

「よし！　一発合格してみせるぞ！」

こんな前向きな言葉は、その思いだけには終わらず、見事に明るい現実を創り出します。

値引き改善のヒント

今、あなたは、何を手に入れたいですか。

「君にはできっこないでしょ！」は相手の能力を過小評価する言葉

相手に対して、〝偏見〟や〝決めつけ〟をしているときには、自分の心の中で「値引き」が起きています。


「どうして君は、こんなやり方しかできないんだ！」

「君の考えることは、まっ、こんな程度だろう……」

「二週間もかけて、この内容か！」

「なぜ君は、いつもウソばかり言うんだ！」

「近頃の若い者は、まったくだらしがない！」


このような威圧的で偏見を伴った言い方をされると、受け取った相手はどのように感じるでしょうか。


あの人は、自分のことは棚にあげて、他人を厳しく批判するばかりだ。

あの人は、私のことを、ウソつき人間と決めつけている。

あの人は、ちっとも若者のことを理解しようとしていない。

こうして、双方の心の距離は離れていき、やがて人間関係も気まずくなっていきます。

また、過去に一度、待ち合わせに遅れてきた部下に対して、上司が「あいつは、いつも遅れてくるルーズな人だから……」と決めつけたり、以前に一度、具体的な数字に欠けた資料を作成した後輩に対して、先輩が「彼は、いつも大雑把なとらえ方をするから……」と思い込んでしまうことがあります。

今でも、そのとおりでしょうか。人は変化します。成長もします。現実の姿を直視しないまま、過去の出来事だけで「先入観」を持ったり「思い込み」をすることは現実を歪めて見ている値引きといえます。

「のろまだ」「うそつきだ」「いい加減だ」などと、上司や先輩がレッテルを貼ることには、特に注意が必要です。なぜなら、部下は「どうせぼくはのろまだと思われているんだ。だったら、もっとのろまになってやれ！」と、ますますレッテルどおりの人間になろうとした行動に走るという恐ろしい心理が働きます。

また、私たちは日常の中で、次のような曖昧な情報のやりとりをしています。

上司「あの仕事、どうなった？」
部下「あの仕事とは、どの仕事のことですか？」
同僚A「昨日の会議で決まったよ」
同僚B「昨日のどの会議で？　誰が？　何を決めたの？」

あなたの職場では、つい〝慣れのはき違い〟を起こして、このように不完全な情報のやりとりの中でルーチンワークを行なっていませんか。

また反対に、〝過保護〟〝過干渉〟〝溺愛〟をすることによって必要以上に手を出して関わる「値引き」もあります。これは相手を一段下に見て、上の立場から「私が救ってあげる」という思いで援助の手を差しのべます。この行為は、相手が自発的に行動する能力を値引きしています。

「貸してごらん、私がやってあげるから」（どうせあなたには、できないでしょ）
「私が上司にかけ合ってきてあげるわ」（どうせあなたには、無理でしょ）

こんな関係をいつまでも続けていると、相手の主体性を奪うことになり、その上「誰かが何とかしてくれるだろう」という依存心を育て、頼ることを教える結果となります。

特に、「どうしたの？」「元気ないわね」「うまくいってる？」という関わりは、一見やさしさにあふれた言葉に聞こえます。しかし、心の中に「私が何とかしてあげるわよ」という思いがあれば「値引き」につながっていきますので注意が必要です。

「やさしさ」と「おせっかい」の境界線がここにあります。「やさしさ」は、本当に相手のためを考えて、必要なときに必要な働きかけをしていく冷静な大人の対応です。ときには、何も手を出さずに相手の自律をじっと見守るというやさしさもあるのです。人を育てるには、「待つ」姿勢も必要です。

一方、「おせっかい」は、援助する側に「どうせ、あなたにはできないでしょ」という値引きが心の中でおきている上での言動といえます。

値引き改善のヒント

今、あなたは「値引き」をせずに、人と関わっていますか。

「こんな時代だから……」は周りの状況を値引く言葉

景気の低迷が続くと、多くの企業や営業部門でも厳しい状況になってきます。

そんな中で「こんな時代だから、売れないんだ」「こんな時代だから、契約は難しいのだ」と、社会のせいや周りのせいにしている声が聞こえてきます。

他人のせいにして言い逃れをすることは簡単ですが、果たしてそれで本人は幸せでしょうか。原因を自分の外に向けたところで、問題は解決に向かうのでしょうか。

周りの様子を冷静に分析することもしないまま「何とかなるさ」と自分勝手な判断をして、そのまま放置してしまうことは、状況の値引きといえます。

逆境の今だからこそ、仕事への取り組みを見直したり、営業のスタイルを学ぶことで、企業の存続・発展に向けた創意工夫のチャンスが生まれることでしょう。

「こんな時代だから、ヒットしたんだ！」
「こんな時代だから、必要とされたんだ！」
「こんな時代だから、お客さまに喜ばれたんだ！」

そう思える能力を、あなたは自分の中にすでに持っているのです。

ピンチは、チャンスという親友を連れてきます。

周りの状況は一刻一刻と変化していく中、それに振り回されることなく、自分の資源をフルに活用して、小さな一歩を踏み出してみませんか。

以前、営業マン研修で、どうしても契約に結びつかないと悩んでいる男性社員がいました。お客さまと話をしているときは、それなりにテンポよく会話が続くのですが、その後どうしても契約には至らない。やはり、この御時世だから……というあきらめも伺えました。

詳しく話を聞いてみると、次のことが判明しました。

- お客さまの話を一切メモに残していない
- キーワードやお客さまが一番伝えたい気持ちをつかめないまま商談を終えている
- 商談後、電話や手紙でお礼の気持ちを伝えていない

これでは契約に至らないのも当然です。

そこで、このようなことを提案しました。

- 商談後のお礼は欠かさず翌日には伝える
- お客さまの話は、相づちを打ちながらメモをとる
- お客さまが二度おっしゃった言葉は、キーワードとして復唱する
- そのキーワードに対して質問をして、本音を聴きとる
- 別れ際に、お客さまのおっしゃった言葉をメモに残し、次回の商談の冒頭で話題にする

特に、別れ際の言葉を記憶しておき、再会したときにまず話題にすることで、離れていた時間の経過を一気に縮めることができます。その上、お客さまは「よく私の話を覚えてくれていたね」と感激されます。

誰にでもできて、しかも誰もがやっていないことをまず行動にうつすことです。

メモをとることは簡単にできるでしょう。相手に対して、心を外さない努力をするのです。聴く姿勢が整ったとき、お客さまは本音を語り始めます。お客さまは淋しがりなのです。喉から手が出るほどストロークを求めているのです。つまり、じっくりと自分の話を

聴いてくれる人に興味と関心を持ちます。
これらのことを一つひとつクリアしていくことで、一歩先の読める営業スタイルを確立し、彼はお客さまから慕われる営業マンとして成長していきました。

値引き改善のヒント

今、あなたに変化をつける次の行動は何ですか。

「あとでね」は「やらないよ！」に通じる値引きの言葉

日頃から部下に対して「報《ほう》・連《れん》・相《そう》（報告・連絡・相談）をしっかり頼むぞ」と言っている上司の中には、こんなケースも見受けられます。
部下から「○○課長、報告書ができました」や「○○課長、ちょっと相談したいことがあるのですが……」と言ってきました。上司であるあなたはキーボードを打つ手を止めることなく、パソコンの画面に向かったまま「おう、そこに置いておいてくれ。あとで見とくから……」や「何、相談？　悪いが、あとにしてくれないか……」

自分の手が止まらない。ということは、今やっている自分の仕事が優先順位一番だと思っているからです。サクサクと打ち込みをしながら、目も見ずに応対された部下は「ことのついでにあしらわれた」という不快な感情を味わうことでしょう。目の前にいる人に集中せずに、「ながら応対」をすること自体、値引きの行為といえます。

この「あとでね……」という言葉を聞いた瞬間、部下はどんな気持ちになるでしょう。

●ぼくのことは、二の次なんだ。
●この報告書は重要視されていなかったんだ。
●私の相談は、迷惑な話だったんだ。

きっとやる気が削がれてしまうでしょうね。

「あとでね……」というひと言には「見る気がない」「聞く気がない」「やる気がない」という上司の本音が含まれている言葉でもあります。つまり「やらないよ！」に通じる言葉です。

部下のやる気を引き出していくためには、「この仕事が終わってから、午後二時までに目を通しておくからね」や「相談は夕方四時からでもいいかい？」など、具体的な提案をその場で出して向き合っていきましょう。
この向き合う力によって何も催促しなくても部下から、報告・連絡・相談とともに、貴重な現場の情報があなたの元に集まってくることでしょう。

日本中の職場には、報告に行くたびに上司が顔をあげて穏やかな表情で「おっ、ありがとう」というストロークを待っている社員がどれだけ大勢いることでしょう。さらに「おっ、○○さんからの相談とは珍しいじゃないか。何だい？」と身を乗り出して全身でストロークを与えてくれる上司であれば、きっと部下から慕われて尊敬される存在となります。

値引き改善のヒント

部下からの信頼ほど、貴重な財産はないことに気づいていますか。

「いつも」「みんな」「すべて」は可能性を止める言葉

あなたは、失敗をしたときどんな言葉を発していますか。

「あ〜、またやってしまった！ 私はいつもその方法で失敗するのよ」

過去に二回か三回しかやったことがないにもかかわらず、「いつも」と一般化することで、改善につながる可能性を止めてしまっています。もったいないことですね。

失敗とは、その方法に間違いがあったことを教えてくれるものです。そして、学びを得るための気づきのチャンスでもあります。二十代で失敗したことをそのまま放置しておくと、形を変えて三十代・四十代でもまた失敗をします。一度の失敗を教訓としてきっちりと身体に叩き込んでおきましょう。失敗と向きあうことで、明るく反省し、原因を探り、その対策を考えて実行することにより、一つ生きる知恵が身についていきます。

また、ミーティングで結論が出たことに対して

後輩「その結論には、みんなが反対しています！」

先輩「みんなって、誰と誰なの？」

後輩「…………」

このように、二人か三人の反対の声があるだけで、人は「みんな反対している」「みんなそう思っている」と訴えてきます。これも一般化しています。

これは第三者の隠れ蓑を装って、自分の反対意見を押し通そうとする何とも稚拙な表現

です。この曖昧な表現を耳にした先輩は「みんな」＝「全員」なんだと早合点して振り回されることなく、事実をつかむことが肝心です。また、部下のあなたは自分が反対であれば、「私はこの件に関して、このように考えていますがいかがでしょうか」と、論理的思考で伝えていくコミュニケーション能力を身につけていきましょう。

さらに、自分がうまくいかなかったとき、「すべて」という言い方をよくします。

「私は、すべての人に嫌われているんだ……」

いいえ、嫌われているのは、せいぜい一人か二人でしょう。

「すべての人が私に関わってくれません……」

本当にそうでしょうか？現実を歪めて見ていませんか？

「もう、すべてのものを失ってしまった……」

いいえ、あなたは大事な命と考える能力は失っていませんよ。

値引き改善のヒント

一般化することは、あなたの可能性の足を引っぱる生産性のない言葉です。

「〜してみようと思います」はただ「思っているだけ」の言葉

あなたは自分の意思を伝えるときに、「検討してみようと思います」「できるだけやってみようと思います」「頑張りたいと思います」などの表現をしていませんか。

語尾に「思います」をつけると、「ずっと思っているだけ」という値引きの言葉になり、自分の実行力を低めてしまいます。本気でやる気を出すためには、「早速、検討します」「最善を尽くします」「頑張ります」という言い方に変えてみるといかがでしょう。もう実現している勢いが出てきます。

また、国会中継を見ていてもほとんどの答弁は「早急に見直して参りたいと思っています」「関連機関とも調整しながら対処して参りたいと思います」というもってまわった表現が実に多いですね。これでは実現可能な行動力を自ら弱めてしまい、早急な解決に向かうことは難しいでしょう。

そして、不祥事を起こした記者会見の席で「心からお詫び申し上げたいと思います」と言って深々と頭を下げていますが、残念ながら謝罪の気持ちはこちらには伝わってきません。なぜ「思います」をつけるのかといつも不思議に感じます。誠意をもってお詫びする気持ちがあれば、きっぱりと「心からお詫び申し上げます」と言い切ると、あなたの誠実さがストレートに相手の心に届きます。

値引き改善のヒント

語尾に表われるあなたのホンネに気づいていますか。

「とてもお似合いですよ」は店ばなれにつながる言葉

あなたは、洋服を買いにいったとき、何を試着しても「まぁ、とてもお似合いですよ」と店員さんから言われたらどんな気持ちになりますか。似合っていないことぐらい自分でもわかっていると、「何とかして売りたいのだ……」という隠されたメッセージが聞こえてくるようですね。

私はこのとき、「ありがとう。でも、この洋服は残念だけど私の雰囲気ではないから結構です」と、にっこりほほ笑んで、ズバッと言います。しかし、中には「そうかしら……これ、私に似合うかしら……」と心が揺るぎ始める小心なお客さまもいます。そんな接客を見ていていつも気になることがあります。決してバッチリ似合っているものではない服に対しても「よくお似合いですよ」「素敵ですよ」と言って、その日の売り上げに貢献できたとします。

しかし、家に帰ってから「やっぱり何だか自分には似合わないわ」となったとき、お客さまは、次からあなたのお店を選ぶでしょうか。どうやらこれは、目先の売り上げに目がいってしまい、長い目でみるとお客さまの信頼には応えていない接客と感じます。この接客スタイルは、きっと次のお客さまにも同じようにしているんだろうなぁ、と容易に想像できて残念に思えます。

目の前のお客さまに対して、この洋服の「どこが」「どのように」お似合いなのか、それをおすすめする理由を探し出して伝えていないことがプロとしての値引きといえます。単に「お似合いですよ」とだけ言っておすすめする接客であれば、学生のアルバイトにでもできます。お客さまは、本当に自分に似合うものをプロの目でコーディネートしてもらいたいのです。新たな自分の世界をわくわくしながら広げていきたいのです。そのためにわざわざあなたのお店に足を運んでくれたのですから、その思いを中途半端なストロークで満たしたところで、お客さまも自分も喜びや満足感は得られないでしょう。

中には、試着室に入ったものの、出てくるときにはお店の洋服ではなく、お客さまの服にまた着替えて出てくるお客さまがいます。これは、サイズが合わなかったり、コンプレックスを強調するデザインのため、お客さま自身が明らかに違うと判断したのです。つまり、気に入らなかったということです。決して「ぜひ、試着なさって見せてください」と言ってはいけません。深追いするとお客さまは、「私の気持ち、察してくれない店ね」と思って、そそくさと去っていきます。

逆に、試着室からお店の服を着て出てきてくれたということは、お客さまはその洋服を気に入ってくれたということです。ただ、本当に似合っているかどうかが不安なのです。もし試着した洋服が、どう頑張ってみても正直似合わないと思った場合は、「せっかくお試しいただきましたが、こちらはおすすめいたしません」と、きっぱり言ってくれる店員さんの方が、自信と誇りをもって仕事をしているプロの目を持った人だなと感じます。そして、そのお店のファンになります。

このことは、私がパーソナルカラー診断をしているときに感じることでもあります。診断に来られたお客さまに「好きな色と似合う色とは違います。鏡が答えをもっていますので、今日は好きという気持ちは脇に置いてくださいね」と伝えます。そして、そのお客さまに最も似合う色であるベストカラー（勝負色）を診断したときには、「この色を◯◯さんが着なくて、誰が着るの」と絶賛します。また、好きな色が、実はその人の顔色をくすませてしまい、目の下のクマも強調され、ほうれい腺が目立ってしまうときには、「この色がお好きということはわかりました。ただ、この色をお顔の近くにもってくると、せっかくのきりっとした印象がぼやけてしまいますので、お顔から離して使うか小物で楽しんでくださいね」と。

つまり、似合うものをアドバイスするということは、似合わないものも同様にアドバイスすることです。すべての商品がお客さまに似合うということは、まずありえません。ここで値引くことなく、似合わないものを堂々と伝えていくプロとしての自覚と行動力があれば、信頼関係も築いていけます。

最初は少し勇気がいることでしょうが、今のお客さまは本音を求めている傾向にあると感じます。その思いに正面から応えていくためにも、値引きをしない接客につとめる姿勢が求められています。

値引き改善のヒント

お客さまは、潔い「おすすめしません」も期待しているのです。

第4章

「無意識の値引き」が引き起こす問題解決しない4つのわけ

1　問題の存在を無視する

あなたは問題に直面したとき、その解決に向けてどのように向きあっていますか。

あるレストランの社長は、お客さまからクレームの手紙をもらいました。

「おたくの店員の接客は無愛想すぎる。せめて笑顔やきちんと挨拶はして欲しい」という内容の丁寧な文章でした。

しかし店は流行っており、味にも自信を持っていた社長は、店員にその事実を話すこともなく無視しました。問題を「ないことにしてしまった」のです。やがて時間の経過とともに、潮が引くように客足が遠のいていきました。そのときになって社長が焦っても、もう遅かったのです。

日々、お客さまから届くクレームを値引きしてしまうと、今後の組織運営を大きく阻害してしまう要因にもなりかねません。

問題の存在そのものを値引くのは、現状に気づいていないか、あるいは気づかないようにしている状態です。

社員「課長、業者さんから配達先の変更がいつもぎりぎりなので、何とかしてほしいとの連絡がありました」
課長「そんなことないさ。気にするな」

この課長も、たったひと言で問題の存在を無視しています。お客さまからの声の中に含まれている改善要求に気づいていません。

「先方が何と言おうと、こちらにはまったく問題はありません」

「だいたい君は、細かいことに気にしすぎだよ」

「そんなばかげたことなんて、ありっこない」

「言いたい人には、勝手に言わせとけ」

「一人や二人の小言は、ほっとけ」

「そんなことに、いちいちとりあうな」

「なに、大丈夫さ。平気平気……」

いかがでしょう。これらはすべて問題の存在をまるごと無視した言葉です。

また、部署内でもこんなケースをよく目にします。

先輩「経理課から、発注伝票の提出が毎月遅れているという連絡が入ったよ」
後輩「遅れ？　そんなことないですよ」

上司「最近、同僚との間で人間関係がギクシャクしていないか？」
部下「いいえ、人間関係においてはまったく問題はありません」

上司「例の長期計画の仕事だけど、遅れは出ていないか？」
部下「いいえ、特に遅れはなく順調に進んでいます」

同僚A「Bさん。このところ、変な咳してるね」
同僚B「咳？　咳なんてしてないよ。気のせいだよ」

多くの職場で、健康診断で精密検査を指示されたにもかかわらず、「自分には病気なんて関係ない」と値引きして検査を怠り、その後入院・手術にまで至ってしまうケースもみられます。

このように現実を歪めたものの見方をしていると、問題解決に最も遠いところで行動がストップしてしまいますので、何の解決にも至りません。

また、翌日の早朝から大事な出張が入っている中で、台風が接近しているという状況に対して値引くケースがあります。「な〜に、問題ないさ」と言って、前日に移動しておくといった手を打たず、翌朝交通機関がすべてストップしたというニュースに頭をかかえるというものです。

趣味の世界においても、波浪警報が出ている中、「せっかくの休みだから行こうよ」と仲間を誘って釣りに出かけたり、雷注意報が出ている中でゴルフを楽しんだり、大雪やなだれ注意報が発令されているにもかかわらず、雪山登山を決行して危険な思いをするというケースも無意識の値引きなのです。

2 問題の重要性を認めない

次に、問題の存在は認めたものの、その重要性を値引いてしまう状態です。

先ほどの部署内でのケースで説明します。

先輩「そうかい……経理の女性はかなり困惑した声だったよ」
後輩「確かに、たまに締め日に遅れることはありますが、大した問題ではありませんよ」
上司「ここは代々、仕事以前に人間関係をとても大事にしてきた会社だから、協力しあって頼むよ」
部下「確かに、このところお互いに忙しくて、あまりコミュニケーションはとれていませんが、大したことはありません」
上司「本当に計画どおりで、遅れは出ていないんだね」
部下「はい、多少の遅れは出ていますが、そのうちに取り戻せるでしょうから、特に問題にするほどではありません」
同僚A「そうかなぁ……Yシャツの首まわりが細くなってるよ」
同僚B「確かにちょっとは痩せたけど、大したことはないよ」
現場で危機感を持っていても、周りの人にその意識がないと「そういうこともあるさ」

や「繁忙時はどこも同じだよ」など、問題を軽視した見方をしてしまい、問題解決には至りません。これは「危機意識の欠如」といえます。

クレームとは、個人に向けられているものではなく、企業や店である組織に向けられています。たとえ、お客さまからの電話で、他部署へのクレームを自分が受けたときであっても、「その件に関しましては、うちの部署ではありません」と無責任な応対をすれば、却ってお客さまを激怒させてしまいます。その上、他部署の電話番号をご丁寧にもお伝えし、お客さまにかけ直してもらうといった失礼極まりない応対をすれば、さらに火に油を注ぐようなものです。

今一度「大したことはない」という認識を取り除き、職場内の危機意識を統一すると同時に、最重要項目としてその日のうちに迅速に対処していく必要があります。そして、クレームを〝みっともないもの〟や〝恥ずべきもの〟ととらえずに、わが社の今後の発展に向けたありがたいヒントが隠されている「お宝」と受け止める姿勢を持ちたいものです。

どんな立派な企業でもクレームをゼロにすることはできません。人間はミスを犯すものです。その上、十人十色という言葉のように、皆それぞれ考え方や感じ方、期待や要望も違います。そして時代とともに変化もします。クレームそのものよりも、起きてしまったクレームにどう対処したかが問われています。その対応に企業の底力が見えてくるのです。

以前、私がある金融機関の窓口で手続きをしたときのことです。窓口の担当者から通帳を受け取ることを忘れて帰宅しました。すぐに担当者から電話が入りました。当日は取りに行けないので、翌日、午後からの仕事の前に窓口に取りに行きます。時間は1時過ぎになりますと伝えておいたのです。私は窓口に行けば、「山崎さま、昨日は大変失礼いたしました。わざわざ取りに来ていただきありがとうございます」という応対を期待していました。ところが、昨日電話をくれた担当者が「あ〜、山崎さまですね……」と鈍い反応をして、それから何やら私の通帳を、のらりくらり探し始めたのです。つまり窓口には通帳は用意されていなかったのです。店内には他のお客さまは誰一人いない中、待つこと7分……

私は、「昨日のお電話で今日の1時過ぎに取りに来るとお伝えしてありましたよね。私は窓口に来れば、すぐに通帳を受け取れると思って仕事の前に立ち寄ったのです。ここで通帳を探し出すのに7分も待たされるということはありえないことです」と伝えました。

誰にでも間違いはあります。それは仕方ありません。たとえお客さまに失礼があっても、それが決定打になることはなく、そのあとにサービスを挽回する機会が与えられているのです。その機会の重要性を値引いてしまうと、失敗の上ぬりとなって、さらにお客さまの信頼を失うことになります。

また、同じような問題がくり返し起きた場合、その都度「表面的な問題処理」だけをして終わりという仕事の取り組み方をしているのであれば、そこに問題があるといえます。そのことを全社員に周知徹底して「再発防止」につとめるシステムづくりの見直しと変更することが「根本的な問題解決」につながっていきます。

部下が「この程度なら、報告しなくていいだろう」と勝手な判断をしてしまい、上司への報告を怠ってしまったらどうなるでしょう。「悪い報告ほど早く」という仕事の基本からも大きく逸脱していて、致命傷にもなりかねません。報告が遅れたことでクレームはトラブルへと発展するケースにもつながっていきます。

また、「報告は催促されたら失敗と思え」という言葉があります。それだけ報告することは、組織内では重要なパイプになっています。日頃から部下に任務を与える際には、その仕事が組織全体の中でどれだけ重要な位置を占めているかを理解できるように伝えておくことで、部下は責任感を持って仕事に取り組むことでしょう。

3 変化の可能性を否定する

これは、問題が何らかの方法で解決できる可能性がある、ということを値引きしている状態です。

社員「課長、昨日の見本市で面白い商品を見つけたんですよ！これがそのパンフレットです。これを新製品に組み込めれば、画期的です」
課長「うーん、確かにそうできれば大幅な売り上げ増が見込めるけど……それにはシステムを変更しなきゃいけないし、そうなれば製造部との折衝が必要となるね。あの部署とは話し合っても無駄だろう……」
先輩「締め日だけは守れるように、ちゃんと段取りして計画的に頼むよ」
後輩「追加の発注がこう多いと、計画を立てたところで無駄です」
上司「私には、人間関係がしっくりいっているとは思えないんだがね……」
部下「お互い人間ですから、どこの部署でも、多少のギクシャクはあるんじゃないですか」

上司「長期の例の仕事だが、進捗状況を教えてくれないか」
部下「ずい分と遅れをご心配のようですね。長期にわたる仕事ですから、今の段階ではこんなものでしょう」

同僚A「Bさんの身体、心配だなぁ……」
同僚B「この季節、ちょっと体重が落ちるのは、いつものことだから……」

「どうせ、話し合っても無駄さ」
「昇格試験を受けたってダメさ」
「マニュアルどおりにやってればいいんだ」

このように、試みる前から変化する可能性を否定してしまい、「変わるはずがない」と現実を歪めてしまい、改善に向けた取り組みにエネルギーを使わないというのは何とももったいないことですね。

朝礼で、大事な業務連絡をしているときです。上司のあなたは、メモを取らずただ聞いているだけの部下の存在が気になっています。しかし、「どうせメモを取れと言ったところで、無駄だろう……」と諦めて、いつものように一方的に口頭で伝えるだけの朝礼をしていませんか。

その結果、部下が業務連絡の大事なことを聞き漏らして、大きなミスを起こしてしまいました。「あれだけ気をつけろと言っただろ！」と責め寄ることになり、その結果、ますます部下のやる気は失せてしまいます。「ここは大事な業務連絡ですので、みなさんメモを取りながら聞いてください」とハッキリ命令する姿勢が上司に求められます。

また、部下のあなたは、会議の席で上司から意見を求められても「私が何を言っても、どうせ分かってもらえないから」と値引きをして、自分の考えを何も発言しないという行動をとっていませんか。

そして、会議の終了間際になってから、「ちょっとよろしいでしょうか。私は以前から気になっていたのですが……」と、平気で会議を振り出しに戻してしまうような発言をするというケースが現場では起きています。これは「こんなにガマンしている私のことを認めてくれない周りの人が悪いんだ！」という値引きが背景にあります。意見は「異見」として、堂々と自分の考えを発言できる自発性を持つことで、さらに職場は活性化していくことでしょう。

さらに、企業にとって最も危機的なことのひとつに「マンネリ」があげられます。毎年、莫大な経費をかけて異動や転勤をさせる理由が、この「マンネリの打破」にあるのです。キャリアを積めば積んだだけ、その分野でのスペシャリストにはなりますが、ルーチンワークの歯車の中で「例年どおりでいいだろう」「こんなもんでしょう」という思いが定着してしまい、新たな気づきや改善、創造的な仕事をしていくという姿勢が萎えてくる傾向は否めません。

それに対して新人は、経験は無くても、新人なりに斬新なものの見方ができる武器を持っています。

新人「あのコピー機の横の段ボールは何のために置いてあるのですか？」
上司「あれは私がこの部署に来たときからずっと置いてあるんだ。そんなことより早く仕事を覚えてくれ！」

このひと言で「この職場では、自分が気づいたことを言ってもムダなんだ。もう余計なことは言うまい……」と、これまた新人も変化の可能性を値引きしてしまい、仕事に対するやる気も萎えてしまい、一気にマンネリの悪循環へと陥っていくのです。せっかくの貴重な新人の意見までも値引くことによって、職場の改善と活性化の機会を逸してしまうことになります。

接客応対の場面においては、上司は部下がポケットに手を入れたまま接客している態度のまずさには気づいています。しかし、「どうせ○○さんに注意したところで、変わるはずがない」と諦めて指導を怠ってしまうのもこのパターンです。お客さまに不快感を与える接客態度は、上司が気づいたその時点ですぐに注意をし、徹底した教育をしていくことが上司のマネジメント能力です。初日に黙認してしまうと、その後どういうことになるでしょうか。部下は、この接客スタイルに対して注意を受けなかったことで、悪い接客態度と認識する機会を失ってしまい、「これでよし」として継続していくことになります。そして、彼らの接客態度としてやがて定着していくのです。こうなってから慌てて指導していくことは、お互いに相当のエネルギーを費やすことになります。

4 やる前からあきらめている

これは、問題があることはわかっているし、その重要性も十分理解している。解決しようと思えばできると思うが、私なんかにはちょっと無理でしょう、というものです。

職場で、上司から新たな仕事について打診されました。

上司「そろそろ、○○さんも新たな仕事に挑戦してみないか？」
部下「え？　私がですか？」
上司「そうだよ。もう君も入社して三年が経っただろう？」
部下「私なんか、そんな仕事はとても無理ですよ」
上司「……」

先輩「とにかく期日だけは守るように、何とか手を打ってくれよ」
後輩「前任者なら早めに伝票提出が可能でしょうが、私にはできないんです」

上司「人間関係で悩んでいることがあったら、いつでも話しを聞くよ」

部下「同僚に自分の気持ちを率直に言えたらいいのでしょうが、私には実行する能力がありません」

上司「長期計画の例の仕事、あれからどうなってる？」
部下「無理です。私にはもうお手上げです……」

同僚A「悪いこと言わないからさ。一度、病院に行ってみたら？」
同僚B「この忙しさの中、休暇を取ってまで病院に行くなんて無理無理……」

「私はもともと消極的な性格で……」や「私の力じゃ無理でしょう」などと決めつけて、個人の能力の発揮を妨げています。

「私は、この仕事に関しては経験が浅いから」

「私は、そんな器ではありませんので」

「私の手には及びません」

「私は、もう年だから」

このように、「できません」と言っているときには、「やらないことへのひとつの言い訳」に過ぎないことがわかります。しかも、「できません」という言葉を受けた上司も、これに対して何も手を打たないとすれば双方が値引きをした状態になりますので、さらに問題は深刻化していきます。その結果、本気で部下を育てるための指導にエネルギーを使わず、「まったく……彼はけしからん！」と感情的に処理してしまうことで、ますます人間関係は悪化していきます。

値引きは、人間の心の内面のメカニズムと言われています。したがって、値引きそのものは直接観察することはできませんが、他人からは言葉づかいや非言語の行動をとおして認知することが可能です。受け取った相手は心に痛みを感じたり、否定的ストロークよりも、もっと冷たさや侮辱された気分にひたり、傷ついてしまうものです。

皆さんは、どのレベルでの値引きをする傾向がありますか。一度、自分自身の心に聴いてみてください。そして、値引きをしている自分に気づいたならば、理性的に状況判断してみましょう。

【問題の存在】をまず認めましょう。

お客さまからクレームが届くというのは、これは大きな問題だ。
経理課から声が上がってくるというのは確かに迷惑をかけているな。
確かに、この頃仕事中に咳が出ているなぁ。
台風が来てるな。気象庁の台風情報を調べてみるか。

【問題の重要性】に心を留めて気づいてみましょう。
なぜ遅れが出るのか、その原因を調べてみよう。
仕事で成果を出すには、一度お互いに腹を割って話し合う必要があるな。
大きな病気が潜んでいるかもしれないから、一度この咳を検査してみるか。
このまま放っておくと、さらにまずいことになるな。

【変化の可能性】にチャレンジしてみましょう。
他部署と折衝することで、これが潤滑油になるいい機会かな。
仲間を信頼して本音で向き合えば、一歩改善に向かうかもしれないな。
早く治療すれば、この咳も止まるかもしれないな。
何かひとつやってみれば、状況は変わるかもしれないな。

【個人の能力】を信じて、できることから行動してみましょう。

今までの経験と先輩の指導を仰ぎながら、新たな仕事に挑戦してみるか。

一度、一ケ月の計画表を綿密に立て直してみよう。

慎重なAさんのように、私も病院に行くとするか。

今の自分にとって、具体的にできることは何だろう。


このように、〝今・ここ〟での状態を事実レベルでとらえ、現実適応能力を高めていくことが、問題解決への第一歩となるでしょう。


以前、私が値引きをしたことによる失敗例を紹介します。

高知龍馬空港に勤務していたときのことです。高知から国際線のチャーター便を就航することになり、そのスタッフに選ばれました。

日頃から各部署と連絡を取りあう業務の中で、「ＯＫ」という言葉は、便利な日常会話として頻繁に使っていました。確かに「ＯＫ」なのか「ＯＫでない」のか、その区別は明確にされていませんでしたが、そこはお互いに感覚で分かりあえているから問題ないだろう、という値引きが私の中にありました。

その日、バンコクから到着した国際線使用機は、国内の使用機として高知で変更手続きを済ませ、空っぽになった飛行機（フェリーフライト）は成田に向けて出発する予定でした。その必要書類がすべて揃っていないと成田での着陸許可が下りません。限られた時間の中で書類を作成して、黒いブリーフケースに一式入れて機内に搭載することが私の仕事でした。

おまけに、「その便の機長は急いでいるのでご協力お願いします」との連絡が運航管理室から入りました。迅速に入国審査と税関検査、そして燃料を満タンにしたことを確認しながら書類を仕上げ、あとは機体整備の状況を聞くだけになりました。

「整備さん、フェリーフライト出してもＯＫ？」と尋ねたつもりの私のひと言を、整備士は「フェリーフライト出してもＯＫ！」と受け取ったのです。

事務所で書類の最終確認を済ませて、ブリーフケースを持って小走りに駐機場に向かっていく私の目に、ジェット機が軽々と離陸していく光景が飛び込んできました。「あの飛行機、止めて～！」と叫びましたが、時すでに遅かりし……でした。すぐに運航管理室から機長に連絡をしてもらい、高知の上空を大きく旋回をして空港に引き返してもらうはめになりました。

結局、遅れはさらに出て、機長をはじめ他部署にも多大なご迷惑と余分な経費をかけてしまいました。

私は「OK」というたったひと言の重みを値引いたことで、大きな失敗につながることを身をもって体験しました。その苦い経験から、今では「OKでしょうか？」「OKですよ！」と語尾を端折らずに、より強調して使うようにしています。

第5章

「精神論」ではなく「方法論」があなたを救う

「方法論」を確立することで問題は解決に向かう

あなたが社会人になって働き始めたとき、仕事の基本として5W2Hを身につけるように指導されたことでしょう。

5Wとは、(When＝いつ・時期)(Where＝どこで・場所)(Who＝誰が・人や対象)(What＝何を・内容)(Why＝なぜ・理由や目的)

2Hとは、(How＝どのように・方法や手段)(How many／much＝どのくらい・数値)の意味です。

これらを意識し整理することで、的確な仕事に取り組めるようになります。

特に、How＝どのように・方法や手段については、目の前にある事実を具体的に、ありのままにとらえることができるようになるには、日頃からの訓練が必要です。どんな職場においても、日々問題は起きるものです。人間はミスや失敗をする生き物ですから致し方ありません。

その問題が起きたときに、具体的に事実をとらえることのできる職場は、「何が、どのようになっているか」というものの見方ができるので、具体的な解決策が見つかります。

しかし、抽象的に頭で考えている職場は抽象的な解決策でしかなく、出でくる言葉は「頑張ります！」「気をつけます！」という精神論が目立ちます。そして、この精神論でうまく解決できなくなると「常に」「必ず」「励行」という言葉を付け加えることで強化したつもりになっているのです。

このような抽象的な「精神論」で取り組んだところで、現場での改善にはつながりません。方法や手段を表わす「どのように」に着目することがポイントとなります。

販売の現場でよく使われている「お釣り銭を間違えないようにしましょう」

これは精神論です。ベテラン社員は、このひと言を聞けば何に気をつけてレジを担当すればいいのか理解できるでしょう。しかし、新入社員にとっては、何をどのような方法ですればいいのかがまったく分からず、まちまちの応対をしてしまうことになります。

私のよく行くスーパーマーケットでの話です。その店のレジは、この「方法論」が見事なまでに確立されています。

1. レジ係「二六二五円のお買い上げでございます」お客さま「一万円でお願いします」
2. レジ係「はい、では一万円お預かりします」
3. お客さまから受け取った一万円札をレジ台にマグネットで留める
4. 七千円を取り出し、まず自分で数えてから、「失礼します」と言って、お客さまとの間に手を差し出す
5. 声に出して「五、六、七、まず七千円お返しします」と言って、お客さまにも目で確認してもらう
6. お客さまが財布の札入れにしまい込むまで待つ
7. レジ係「あと三七五円のお返しと、レシートでございます。お確かめくださいませ」
8. お客さまからの「ありがとう」のあとに「ありがとうございました。またお越しくださいませ」と言って一礼する
9. お客さまから頂いた一万円札をレジ台の奥にしまい込む
10. 次のお客さまに「お待たせしました。いらっしゃいませ」と応対する

いかがでしょう。

わずか四十秒ほどのレジでの応対の中に、十項目の方法論が徹底されていて、ベテランの三つ星をつけたレジ係から初心者マークをつけた新人レジ係まで全員が統一された応対ができています。特に、9の方法論を取り入れることで、「五千円札だった」「一万円札だった」というトラブルを未然に防ぐことができます。

このように、何と言葉をかけるか、どのような手順で応対するか、ということが確立されていれば、できているか否かは、私情を挟むことなく誰の目から見ても公平に評価でき、かつ的確な指導につながっていくのです。

お釣り銭に関することで、「さすがといわれるために」この方法論を取り入れた帝国ホテルの事例を紹介します。

お客さまがタクシーで到着されたとき、最初に応対するのがホテルの顔であるドアマンです。玄関先で「気持ちよくお迎えする」というのは精神論です。そこでドアマンが考えたことは、一万円札を出してお釣りがないという事態を想定して、「五千円札一枚と千円札五枚を準備しておく」ことだったのです。この「方法論」を取り入れることにより、お客さまからまちがいなく「さすが帝国ホテル」と思っていただけることでしょう。

このように、私たちは仕事をしていく上で、言われたことを単にこなすだけの「処理型」

では、本当のサービスの提供とはいえません。何をどのようにすればお客さまに喜んでもらえるか、スムーズな応対にするには何が必要か、気づきを高めながら「創造型」への取り組みをすることにより、付加価値を生むことができます。

お客さまの期待をうわまわるためにも、「方法論」で具体的に話し合い、実践していくと、きっとあなたは〝問題解決の達人〟となることでしょう。

サービスは、人によって始まり、人によって終わるのです。

抽象的な「いろいろ」「さまざま」をやめてみる

問題が起きたとき、その本人から、

「いろいろなことが起きて、このような結果になってしまいました」

「さまざまな悪条件が重なって、お客さまにご迷惑をおかけしました」などの報告を受けることがあります。

本人の頭の中には、問題点がいくつか浮かんでいるのでしょうが、言葉に出すと一気に大雑把にとらえてしまい、抽象的な表現になってしまうのです。これでは、一体、何がどうしたことが原因で、その問題が起きたのかすら見えてきません。

企業のふりかえり研修の中で、受講者から「ほめられた事例」を発表していただくことがあります。

これは、メンバーの貴重な体験談を共有することで業務の質の向上を図り、今後の自分の業務にも生かしていくことをねらいとしています。そして、一方的に体験談を聞くだけに終わらず、発表者のどこがどんなふうに素晴しかったのか、どこに感銘したか、具体的にストロークを送りながらお互いを認めあうことに重点を置いています。

しかし、中にはこんなコメントも出てきます。

社員Ａ「今の体験談は、お客さまに対していろいろな取り組みをしていて、とても勉強になりました。私も頑張ろうと思いました」

社員Ｂ「今の事例には、さまざまなお客さまへのサービスが沢山あって、素晴しいと感じました」

体験談の中で、相手が心を砕いて取り組んだことや、価値ある言動を汲み取ろうとする姿勢に欠けていることにお気づきでしょうか。一見そつの無い言い方ですが、これでは相手との心の交流は生まれません。抽象的にほめられても、人はあまり嬉しくないものです。また抽象的な言葉では、共感することにもつながらず、表面的な会話に終わってしまいます。

【事例】

上司「○○さん、いろいろ、よく頑張りましたね」
部下「えぇ、まぁ……」

後輩「先日は、いろいろありがとうございました」
先輩「お礼を言われること、何かしたかなぁ……」

同僚A「いろいろな意見が出されて、今、悩んでいるんです」
同僚B「悩んでいると言われてもなぁ……」

同僚A「この一週間、いろいろなことがあって大変だったんだ」
同僚B「へぇ……そうなの……」
上司「とにかく、さまざまなお客さまのニーズに応えていこう！」
部下「……」

一つでいいから、具体的なことを言葉にしてみる

では、こんなふうにストロークを送ってもらうと、あなたはどんな気分になりますか。先ほどの「ほめられた事例」です。

社員C「○○さんは、上司から会議で使用する資料作成の依頼を受けたとき、前例どおりに仕上げることをせず、自分なりに初めて聞くお客さまの目線になってグラフ化し、サンプルも付けて、分かりやすさに工夫を加えたところが素晴しいと感じました。私も参考にさせてもらいます。ありがとうございました」

発表者「○○さん、ありがとうございました。私も頑張った甲斐がありました」

こんなストロークのやりとりから、研修会場は大きな拍手に包まれます。そして、休憩時間にはどちらからともなく歩み寄っていき、柔和な表情での会話がはじまり、二人の関係性は一気に良好になっていきます。復唱するキーワードや数字が的確であればあるほど、発信側は「そのとおり！私の話をしっかり聞いてくれていたんだ」という喜びの交流が生まれます。

話の要約や復唱を正確に返してくれるだけで、心の中で「そうそう」や「そうなんですよ」というYESの言葉で満たされていきます。そして脳は、YESを認識するたびに、相手のことを肯定的にとらえるようになり、自分を過不足なく認めてくれる人や、ほめてくれる人を好きになる働きがあります。

ほめるときのポイントは、あえて相手の名前を口に出し、キーワードとなる言葉や数字を入れて、具体的にストロークを送ることです。これには、日頃から目の前の人に関心をもって関わり、以前との言動の変化に、敏感に察知していく意識が大切です。

あなたは、「ほめ言葉」と「お世辞」の違いをどのようにとらえていますか。

「ほめ言葉」とは、
●事実だけを
●心をこめて
●具体的に
すると、「心が通いあう」ようになります。

一方、「お世辞」とは、
●心にもないことを
●口先だけで
●抽象的に
こちらは、残念ながら「空しさが残る」だけです。

あなたは、「お世辞」を言われて嬉しいと感じますか。無理してリップサービスしてくれているなと感じたときは、二人の間が薄っぺらの関係に見えて、少し淋しい気分になることでしょう。具体的なほめ言葉は短い言葉でOKです。相手が最も努力していることや、めざしていることに焦点をあてて、まず言葉で伝えてみましょう。そして、「いろいろ」の中身を一つでいいから具体的に伝えることができるあなたをめざしましょう。

【改善例】

上司「複雑な仕事をもう片づけたなんて、○○さんよく頑張りましたね」

部下「ありがとうございます。皆さんにフォローしてもらったおかげです」

後輩「先日風邪で休んだとき、○○先輩がA社との商談に出向いてくださり、ありがとうございました」

先輩「ぼくもA社の○○課長が、君の礼儀正しさをほめてくれて嬉しかったよ」

同僚A「リーダーを決めるのに、賛成・反対の他に、どちらでもいいが過半数で悩んでいるんです」

同僚B「どちらでもいいが過半数とは、悩む気持ちわかるよ」

同僚A「この一週間、子どもの受験と親の看病が重なって大変だったんだ」

同僚B「受験と看病じゃ、心身ともに疲れただろうね」

上司「今回はご高齢のお客さまのニーズにしぼって話し合っていこう！」
部下「承知しました。これからの顧客づくりのヒントになりますね」

この他に、「心が通いあう」ほめ言葉を紹介しましょう。

「いつも、○○さんは背筋がピンと伸びていますね」

「一度でお客さまの顔と名前を覚える○○さんて、すごい！」

「至急の仕事を手早く仕上げる○○さんは、段取り上手なんですね」

「いつも○○さんの机の上が片づいている姿は、仕事ができる証拠ですね」


日常、頻繁に使う言葉に、「忙しい」があります。

この言葉を、上司からの指示に対して「今、忙しいです」と言ってしまうと、その仕事をしたくない言い訳ととられてしまいます。この場合も、一つでいいので、忙しい中身を伝えていく習慣をつけましょう。

例えば、「今、クレームの処理にとりかかっています。午前中いっぱいかかりそうです」

「午後二時からの会議に向けて、資料の作成を急いでしているところです」と伝えてみるといかがですか。上司との人間関係も気まずくならずに、その上「そうか、それは大変だね」とねぎらいのストロークまでもらえるかもしれません。

「はい、わかりました」は本当にわかっていない証拠

コミュニケーションの中でも、電話応対が苦手という人は意外と多いものです。まして、先方が留守番電話になっていれば、用件を言い残すことをせず、いきなり電話を切ってしまうというケースもよく見受けられます。このことは、相手の顔が見えない上に、無機質な電話機に向かって、一方的に話をすることが大きな要因となっています。

人間の五感（視覚・聴覚・触覚・嗅覚・味覚）による情報吸収率を比較した統計によると、視覚八七％、聴覚七％、触覚三％、嗅覚二％、味覚一％といわれています。

つまり、電話応対は最初から「視覚」の八七％が無く、ここから情報を得ることはできません。お互いの姿かたちが見えず、ボディランゲージも通用しない分、耳からの情報だけが頼りになります。「電話応対が難しい」と言われる所以がここにあります。

では、その難しい電話応対のとき、あなたは相手のことをどれだけ意識して、聞き返されることなく一度で分かる応対に取り組んでいますか。また、相手の意図を察して信頼される応対に心を砕いていますか。電話はあなたの人柄が伝わるものです。

私「明日の定例会議の件でお願いがあってお電話いたしました。お手数をおかけしますが、本日お送りしましたＦＡＸを二部コピーしてお持ちの上、田中課長にご出席いただきますよう、よろしくお願いします」

相手「はい、わかりました。では、そのように申し伝えます」

私「！！！」（不安だわ……）

自分の伝えたい用件が、相手に間違いなく伝わったかどうかが電話応対では一番気になるところです。そこで、自分が理解したことを自分の言葉で復唱することで、安心感を提供することができます。

【改善例】

相手「はい、では課長の田中が戻りましたら、本日のＦＡＸを二部コピーして、明日の定例会議に持参するよう申し伝えます。わたくし○○と申します」

私「○○さんですね。お手数をおかけしますが、どうぞよろしくお願いいたします」（これで大丈夫！安心したわ）

こうして私の手帳にも「○○さんＯＫ！」の文字が入り、仕事が一段落するのです。

特に気をつけたい電話応対のケースです。私の失敗例でご紹介します。

私「明日の打ち合わせの時間の件でお電話いたしました。鈴木部長いらっしゃいますか」

先方「申し訳ございません。ただいま部長の鈴木は外出しております。午後四時に戻る予定ですが、いかがいたしましょうか」

私「そうですか。実は、こちらの勝手を申しあげて恐縮ですが、明日午後三時の打ち合わせを、午後一時に変更していただきたく、お電話いたしました」

先方「はい、わかりました。鈴木が戻りましたらお伝えします」

私「どうぞよろしくお願いいたします」

この「はい、わかりました」のひと言で、一時に変更ＯＫ！と早とちりしてしまい、私の方から鈴木部長に再度、一時への変更が可能かどうかの最終確認を怠ってしまいました。翌日すごすごと午後一時に出向いたところ、鈴木部長は三時予定のままだったのです。

このように「はい、わかりました」の使い方には落とし穴があるので注意が必要です。

●「変更したいご希望があることを理解しました」
●「変更を了解しました」

このどちらかを明確に相手に伝えることがポイントです。

【変更できるかどうか即答できない場合】

「はい、かしこまりました。それでは明日午後三時の打ち合わせを午後1時に変更されたいというご希望があったことを、鈴木にお伝えいたします。このお返事につきましては、四時過ぎに改めて鈴木の方からご連絡させて頂きます」

【変更が可能な場合】

「はい、かしこまりました。明日は一時でも三時でも空いておりますので、鈴木が山崎様のご都合に合わせると申しておりました。それでは、明日午後一時にお待ちしております」

ビジネスの世界では、この「わかりました」という言葉を頻繁に使っています。自分で勝手な判断をすることなく、その都度「ということは、つまり〜ですね」と、理解した内容を自分の言葉に置き換えて伝えることで、ミスや誤解は防げます。「ツメが甘い」と指摘されるのは、押しの一手で相手を説得する力が弱いということではありません。この「ということは、つまり〜ですね」や「〜と理解してよろしいのですね」など、自分の言葉で一つひとつ明確にしていくことを値引いていることが原因になっていると感じます。

「わかりました」の裏側の意味を値引くことなく、相手に伝わる伝え方を身につけていきましょう。

人は「見たいように見て、聞きたいように聞く」

組織においては、上司から指示を受けることで日常業務がスタートします。

指示を出す側の特徴として、

● 忙しいので、大まかなことしか伝えない

- ルールや習慣なので、あえて言わない
- 目的をはっきり示さない
- 期限を具体的に伝えない

一方、これらの指示を受ける側は、

- 一般的なことはわかっているので、早のみ込みをする
- 背景や細かいいきさつを知らない
- ルールや習慣を知らない
- 大きな目的を知らない
- 期限が迫っていることを知らない

この中でも特に、期限に関しては曖昧な指示を出す傾向があります。

【事例】

上司「この仕事、急いで頼むよ」
部下「はい、わかりました。急ぎですね」

上司「そうだ」

この指示を受けた部下は、「急ぎ」を自分なりに今日中でいいだろう。と勝手な解釈をしてしまう可能性もあります。この上司の段取りでは、一時間後に必要とする重要書類だったかもしれません。

つまり、指示する側の「指示不足」と、これを受ける側の「認識不足」によって「情報の共有化」が行なわれず、それがコミュニケーションギャップとなって仕事に支障をきたすというケースにつながっていくのです。

日常よく使う言葉の中で、「いいです」「けっこうです」「大丈夫です」という言い方には特に気をつけましょう。前後に説明をつけることを値引いて、このひと言だけを伝えてしまうと、受ける側は「してもいいです」なのか「しなくていいです」なのかが明確に伝わってきません。このため、受ける側が勝手な解釈をしてしまい、コミュニケーションに行き違いが生じやすくなります。

上司「私は、進めていいとは言っとらんぞ!」

部下「いいえ、私は、進めていいと聞きました……」

これはどちらが悪いという問題ではありません。

値引き改善のヒント

「過去と他人は変えることができない。変えることができるのは、〝今・ここ〟にいる自分だけ」。

ここに具体的な指示を出さない傾向がある上司がいるとしましょう。その上司を変えようと、自分がいくら働きかけをしたところで、多大なエネルギーがかかるばかりで上司は変わりません。それよりも、〝今・ここ〟で気づいた自分が、刺激の出し方を変えればいいのです。相手は自分の鏡ですから、やがて相手の反応も変わってくることでしょう。

【改善例】

上司「この仕事、急いで頼むよ」

部下「急ぎとは、いつまでに仕上げればいいのでしょうか？」

上司「今日の二時までに頼むよ」

部下「承知しました。では今日の二時までに仕上げてお持ちします」

上司「頼んだよ」

このように、自分がまず、具体的な時間をつかむように質問することで、上司は、部下の○○さんはいつも時間のことはしっかり聞いてくるな。と認識し始めるでしょう。そうなれば、やがて、○時までにという期限つきの指示を出す上司に変わっていく可能性が出てきます。

この他に、「先方に送っておいてくれ」という指示にも曖昧さがつきものですから注意しましょう。

送る手段として、電子メール、FAX、普通郵便、速達、宅配メール便といった選択肢がありますので、自分で勝手に判断せずに明確にしておく必要があります。自分の席に戻ってから「あれっ、どの方法で送るんだっけ……」と自分が躊躇してしまうような指示の受け方をしていませんか。

「まっ、いいか！」これほど値引きに満ちた危うい姿勢はありません。

指示を受けるときは、メモを取りながらとにかくその場で質問をして、仕事の進め方に一抹の不安が残らないように、全身のエネルギーを使ってください。このとき「上司も忙しそうだから、さっさと切りあげなきゃ……」という値引きは禁物です。細かい事情も聞いておくことで、上司の求める成果につながっていくのです。

また、以前に「ちょっと余分にコピーを頼む」という上司からの指示で、新人が意気消沈したケースもありました。

五十名参加の研修資料のコピーを指示された部下は、上司の「ちょっと余分にコピー頼むね」のひと言に、新人は気を利かせて十部予備として考え、六十部コピーをしてきました。それを見た上司は「バカもん！こんなにムダなコピーをとる奴があるか！」と一括したのです。

この場合も、「○○課長、ちょっと余分とは何部コピーすればいいですか？」と質問することですぐに解決します。数字はウソをつきません。

値引き改善のヒント

コミュニケーションとは、受け取った相手に決定権があります。そして、受け取った分しか伝わりません。

たとえ、伝えた側は一〇〇％伝えたつもりになっていても、受け取った相手が三十％しか受けとめていないとすれば、残念ながらこのコミュニケーションは三十点なのです。

心理学の言葉に「**相手の反応が、コミュニケーションの成果である**」という深い言葉があります。

●「あの人は、どうも話が混乱しやすい人ですね」
●「あの部下は、ものわかりの悪い人だね」
●「うちの上司は、要領をつかめない人なんです」

このように相手のことを見ている自分がいたとすれば、一度自分の伝え方をふりかえってみる必要がありそうです。

そもそも情報は相手にはなかなか伝わりにくいものと理解した方がいいでしょう。だからこそ、そのすき間をお互いが言葉を発して歩み寄ることで、共通の理解を深めていくことができます。

「ここまでのところで、何か質問はありませんか？」

このひと言で、一方通行の会話にならず相手の理解度も把握できます。適宜、「もう少し詳しくお話ください」「言い換えると〜ということですね」「〜の理由でそうされたのですね」などと、相づちとうなずきを交えながら具体的な質問をしていくことが、相手の話の真意を「見える化」にしていく近道になることでしょう。

二人の学生から学んだ、心ときめく人生の招待状

ある大学で、一人の女子学生が「私は宮内庁に就職したいと考えています。面接指導をお願いできませんか」と言ってきました。

私が「宮内庁一本でチャレンジするのですか。他の省庁は考えていませんか」と尋ねても「どうしても宮内庁が希望です」とのこと。そこまで強い意志を持っているのであれば、私も精一杯サポートして喜びを共有したいと思い、何度か学内での面接指導にあたりました。

そして、総仕上げという段階になったとき、私の心理学のセミナー生でもあり、とある市役所に勤務している男性に、公務員としての心構えや注意すること等、彼の経験からアドバイスをお願いしました。

後日、その大学生と一緒に市役所に出向いたところ、その日は運よく会議室が空いてい

て、「そこで面接の練習をしましょう」と言ってくださり、本番さながらの面接を行なうことができたのです。その学生にとっては貴重な経験ができたことで、晴れやかな表情に変わっていきました。

市役所を出たところで、「実は、東京に着て行くスーツもバックも用意出来ていないのです。山崎先生、一緒に選んでもらえませんか」とのこと。突然のことでしたが、面接までの時間的余裕はありませんでしたので、そのままデパートに直行しました。

その学生の魅力を引き出す色と、公務員として働くのにふさわしいデザインのスーツとブラウス、そしてバックを見立てて一式揃えることができました。ピカピカのスーツを来て上京したその学生は、面接の控室でも緊張することなく落ち着いた様子だったそうです。その態度が、別の省庁の課長の目に留まり「うちの省庁も受けてみませんか。あなたと同じ郷里の一年先輩も働いていますよ」とお誘いの声がかかったとのこと。

彼女が自分の希望に向かって面接指導を申し出て何度も練習を重ねたこと、そして、身だしなみを完璧に整えることにも値引きをせずに取り組んだ結果、輝かしい人生の招待状を手にすることができたのです。

今、彼女は同郷の先輩のいる省庁で意気揚々と元気いっぱい活躍しています。

その翌年、今度はお世話になった市役所の男性の息子さんが、鍼灸師の専門学校を受験したいとのことで、面接指導の依頼を受けました。

鍼灸師になりたい理由を尋ねると、「おじいちゃんがいつも肩が痛い肩が痛いと言っているので、何とかぼくが楽にしてあげたいのです」と、素直で心やさしい人間性が見えてきました。そして、今までに鍼灸の経験があるかを尋ねると、まったくないとのこと。自分が鍼灸の心地よさを知らないまま面接に臨んでも、説得力のある受け答えには欠けるだろうと考え、彼に一度鍼灸を体験してみることを提案しました。

私の通っている鍼灸院は、鍼を刺した上に直径二センチほどに丸めたもぐさを乗せて火をつけ、おまけに赤外線で温めるというカチカチ山状態の治療をするのです。初めての人にとっては、それはそれは恐ろしい光景に映ることでしょう。その話を伝えると、高校三年生の彼は「そこにぼく、行ってきます！」と真剣そのもの。その前向きな姿勢に感激した私は、その場で私の先生を紹介しました。後日、彼は恐怖心を乗り越えて、自分一人で新たな扉を切り開きました。

二度目の面接指導に訪れたときには、鍼はまったく痛みを伴わないことを身をもって体験し、その上、ほんわかと身体の芯からほぐれていくような鍼灸の気持ちよさとその効能について堂々と語れるまでに成長していました。勇気を出して自ら体験したことを基にして、自信にあふれた表情で臨んだ姿が面接官の心にも響き、第一志望の専門学校から見事に合格通知を受け取ることができました。

今頃、きっとおじいちゃんの肩は、もぐさの柔らかいけむりで癒されていることでしょう。


人生は選択の連続です。


目の前の問題に対して、二つの代替案があります。

一つは、正面から向き合い「今・ここ」で何ができるのか、現実適応していく力を発揮して能動的にその解決に向かっていくやり方です。

もう一つは、その場から逃避したり、やみくもに保留にして、自らタイミングを逸して受動的に生きていくことです。

たとえ、最初の一歩を踏み出してみて、それがうまくいかなくても落ち込むことはありません。別のやり方がまだあるんだ。と自分に言い聞かせて、その可能性に向けて次のエネルギーを使っていきましょう。

「そうはいっても……」

「あの人は特別なのよ。私にはできない」

ほらほら、またこんな言葉が頭をよぎっていませんか。

「できない」というのは、能力の問題ではありません。心の中のブレーキをいったん外してみましょう。そして、大きなことをいきなり始めるよりも、小さなひと口サイズにして、あなたにできることからまず行動してみることです。

「彼も人なり、我も人」

私と一緒に「なりたい自分」をめざして、現実を直視していきましょう。

第6章

「値引きしない人」が実践している小さな習慣

「問い」を発せず「答え」を発する

あなたは、仕事のやり方がわからないとき、上司に対してどのような質問をしていますか。

新入社員として入社したばかりの人は別として、ある人は、

「この仕事、どうしたらいいでしょうか?」と質問します。もう一人は、

「私はこの仕事について、A案で進めてみようと考えましたがよろしいでしょうか?」と質問する人がいます。

果たして、一年経ったとき、どちらの人が成長していると思いますか。

「この仕事、どうしたらいいでしょうか?」は、まる投げにしてただ〝問い〟を発しています。今までの三年五年のキャリアは少しも必要としない聞き方となっています。

一方、「私はこの仕事について、A案で進めてみようと考えましたがよろしいでしょうか?」と聞く人は、一度自分なりに考えた〝答え〟をもって質問する人ですから、その仕事に取り組む姿勢が違います。たとえ、上司からA案の了解をもらって仕事にとりかかったものの失敗したときには、「自分の考え方が間違っていたんだ」と素直に反省し、責任をとることができるでしょう。

しかし、「この仕事、どうしたらいいでしょうか？」に対して、上司から「B案で進めてくれ」と指示が出され、そのとおりに進めて失敗したとします。このとき部下はどんな態度をとるでしょうか。

「だって上司がB案でやれと言ったから……」と開き直ってしまい、まず責任をとることはないでしょう。

人は、自分が責任をとりたくない場合、無意識のうちに「どうしましょうか」というまる投げの問いを発しているものです。

ここに大きな成長の差が生まれます。

その〝答え〟は稚拙でもいいのです。考えたことに価値があります。上司はその〝答え〟を聞いて、部下の考え方や仕事の理解度がわかり、その上で指導のポイントがつかめますので、それはそれで意味があります。

さあ、今日から成長につながる質問を身につけていきましょう。

相手に関心を持ち、顔と好みをいち早く覚える

あなたは、いつも行く店で買い物をしたとき、すぐに自分の名前を覚えてくれて接客してくれたら、どんな気分になりますか。また、前回の買い物のことまでも覚えていてくれたら、さらに親近感をもって足げく通いたくなることでしょう。

私は、以前、高知龍馬空港で全日空のグランドホステス（地上係員）として働いた経験があります。カウンターでは、一日に一〇〇〇人以上のお客さまと接客応対をしながら、毎日定時運航につとめることが仕事でした。

入社した当時は、高知～東京間は、ＹＳ11という六十四名乗りのプロペラ機で運航していました。ところが翌年、ジェット化に伴い空港が拡張され東京行きがＢ７６７という機種で、二三四名乗りのジェット機が就航することになったのです。当時の搭乗手続きは、お客さまにはロビーに並んでいただき、係員が一人ひとり航空券から搭乗券に換えるというものでした。そして、手続き中に伺うことは「機内でタバコをお吸いになりますか」と「窓側と通路側のどちらのお席がよろしいですか」でした。これを二三四名にお聞きするのですから、時間的にも気持ちの上でもまったく余裕はなく、ただお客さまの言われたとおりに事務的にこなすことで精一杯でした。

やがて、この二三四名にも慣れ始めたとき、単純に手続きだけをしていても楽しくないし、何かプラスαできるサービスはないものかと考える余裕が出てきました。「どうすれば、お客さまが機内で快適に過ごしていただけるのか」を考えました。そして、私がやったこと、それは、東京行きと大阪行きの機内の座席をすべて把握し、次に、頻繁にご利用くださるお客さまの顔と名前と好みの座席を片っ端から覚えることでした。

まず、航空券を受け取ると、名前と電話番号と行き先を見るのです。いつも月曜日の初便に搭乗されるヤマダ　イチロウさま。この電話は高知県庁の番号だな。と認識するのです。特徴としては、黒ぶちメガネに頬にホクロ……。

「ヤマダさま、おはようございます。今日は東京までですね。お席のご希望はございますか」と伺い「前方通路をください。霞が関に急いでいるもので……」というご希望にそって前方通路席をお渡しするのです。

そして、翌月、そのヤマダさまが搭乗手続きにお見えになったときには、もう座席の希望を伺うことはしませんでした。

「ヤマダさま、おはようございます。今日も東京までですね。お席は、前方通路2のC席をご用意しました。出発は定刻予定でございます。行ってらっしゃいませ」

すると、ヤマダさまは「おぅ、ありがとう」と、はにかんだ柔らかい笑顔になって颯爽《さっそう》と搭乗口に向かって行かれます。私の心の中で、小さなガッツポーズをした瞬間でした。

また、乳児を連れたお客さまが搭乗手続きにお見えになると、「赤ちゃん連れ」という下線が画面上にマークされるシステムでした。満席にならなければ、なるだけ隣の席を空けておき、お母さまにゆったりと機内で過ごしていただく配慮をしました。満席の場合は、赤ちゃん連れのお母さまとビジネスマンはできるだけ離しました。そして、お母さまの隣には、子育てを終えた年配の女性に座っていただきました。そうすることによって、赤ちゃん連れのお母さまも気をつかわなくて済むし、年配の女性も「坊や、いくつ？」などと楽しそう。

その頃の私は、心理学も知らなかったのですが、この経験を積むことで「人は、自分の好みを覚えてもらうと喜んでくれる」ということを学びました。

あるとき、伊丹空港から、全日空の社員が高知空港に監査に来られました。その際、応接室にコーヒーをお持ちしたのですが「せっかくコーヒーを入れてくださったのにごめんなさいね。私、コーヒーが飲めないんです」と言われました。

「失礼しました。ではすぐに、日本茶をお持ちします」と伝えた私。瞬時に、○○さんはコーヒーがダメ。とインプットしました。

縁あって、その方が半年後にまた高知空港（現・高知龍馬空港）に仕事で来られたのです。「○○さんはコーヒーがダメ」というデータが私の頭に入っていましたので、こう伝えました。「こんにちは。○○さん、その節は大変お世話になりました。コーヒーが苦手と伺っておりましたので、熱い日本茶をお持ちしました」と言ってお茶をお出ししました。すると、とても感激してくださり、「まあ、山崎さんは私のお茶の好みまで覚えてくれていたのですね。嬉しいなぁ」とほほ笑んでくださいました。たった一杯のお茶で、人の心が潤うことをこのとき学びました。

今でも、私のオフィスに来られたお客さまのお茶の好みはいち早く覚えて、次回から、その好みに合わせたおもてなしを心がけています。

「謙譲の美徳」と「値引き」を区別する

日常の中で何か贈り物をするとき、あなたはどんな言葉でその気持ちを表わしていますか。

日本人は謙虚さを大切にする風習があり、自分や自分の所有物、家族を実際より低く見せたり表現することによって、相手を尊敬し尊重しようとする振る舞いを良しとしてきました。

「つまらない物ですが」のひと言に、謙虚さを託したいという気持ちはよくわかりますが、私はこの言葉と一緒に品物をいただいてもあまり嬉しさを感じません。せっかくの手土産の価値を下げてしまってはその商品もかわいそうですし、作った職人さんに対しても失礼だと感じます。

送り手にとって本心は何でしょうか。きっと、「以前に私が人からいただいてとても美味しかったので、ぜひ○○さんにも食べてもらいたいな」「美味しいといって喜んでもらいたいな」ではないでしょうか。それならば、その気持ちを素直に伝える表現方法を取り入れてみませんか。

【事例】

あなた「以前に私がいただいてとても美味しかったので、ぜひ○○さんにも召し上がってほしいと思ってお持ちしました」

相手「お心づかいをいただきありがとうございます」

あなた「今、うちの近所で評判の○○です。○○さんに喜んでいただけると嬉しいです！」

相手「あら、まぁ、それは楽しみだわ」

純粋な笑顔で受け取ってくれる相手の姿が目に浮かびますね。

「お口に合うかわかりませんが」よりも、「○○さんのお口に合うと嬉しいです」

「気に入っていただけるかわかりませんが」よりも、「気に入っていただけると嬉しいです」

いかがですか。相手のことを一生懸命に思い、あれこれ考えたその時間とエネルギーを軽視したり否定することなく、肯定してストレートに伝えてみましょう。これによって誰かを傷つけることはないはずです。いくらマナーの知識を完璧に知っていたとしても、慇《いん》懃《ぎん》無礼な態度で接することで、相手との親密な関係を築くことができなかったら、本末転倒だと思います。

「いつも素晴しいご活躍ぶりですね」

「いえいえ、とんでもないです。○○さんに比べて私なんて、とてもとても……」このように、いつも謙遜の姿勢ばかりでいると、次からほめていただけなくなる可能性も出できます。その上、ほめてくれた相手を値引きしてしまうことになりますので気をつけたいものです。


「ほめていただきありがとうございます。励みになります」

「ありがとうございます。最近やっと仕事の楽しさがわかってきたところです」

これらの言葉を伝えても、相手は不快になることはありません。むしろ、「そりゃ〜よかったですね」となることでしょう。


以前、友人の結婚祝いに私のお気に入りの食器を贈ったときのことです。

「私なんかが、こんな素敵なお祝をいただいてもいいのでしょうか」というお礼状が届き、なぜか私の心は晴れませんでした。

「とっても嬉しいです。彼のためにこれから料理の腕をしっかり磨いていきます」などと、天真爛漫に喜んでもらえたなら、心から「お幸せにね」と願い、私も幸せのおすそ分けをいただいた気分になれたのに……と思ったことでした。

特に、身内のことをほめてもらったときは、あなたの謙遜な気持ちに拍車がかかることでしょう。

友人A「やさしそうな奥さんで羨ましいな」
友人B「いえいえ、とんでもないです。愚妻ですよ」
友人A「……」(何てフォローすればいいんだろう?)

これに至っては、謙遜ではなく値引きレベルの会話です。
母親A「あら、○○くん、随分大きくなってしっかりしてきたわね」
母親B「いえいえ、身体だけは大きくなったけれど、何をやってもグズなのよ」
子ども「……」(どうせぼくはグズなんだ……)

そろそろ本音のおつきあいを取り戻していきませんか。
最初は勇気がいるかも知れませんが、嬉しさを口に出していくことで、表現できるあなたにきっとなれます。どうかあなた自身の心が楽しくなることを味わってみてください。ほ

められたら謙遜の気持ちはそこそこにして、相手と柔和な笑顔のやりとりにつながってい
く関係性を見つけていきましょう。

それにはまず、自分の発した言葉で、目の前の人が明るい気持ちになるような肯定形の言葉を選んでいきましょう。口を開けば「だけど」「しかし」「別に」という否定形は、お互いの心を閉ざし、うんざりしてしまいます。

心満たされるプラスの言葉をつかう

①「ありがとうございます」

応接室にご案内したお客さまに「熱いうちにどうぞ」と言ってお茶を出した際、「すみません」と言う人を多く見かけます。

この「すみません」という言葉には、大きく分けて三つの意味があります。

● 感謝の気持ちを表現する「すみません」
● お詫びの気持ちを表現する「すみません」

●依頼するときに使う「すみません」

たしかに、とても使い勝手のいい言葉として定着しています。ともすれば、朝から終日このひと言で済ませている現実もあります。しかし、これは便利な言葉ですが曖昧な日本語でもあり、明確に自分の気持ちを表現するには適していないと感じます。

特に、サービス業の最前線において、お客さまに使うのは不向きと言えます。感謝の気持ちを伝える場合には「ありがとうございます」という心に響く日本語があります。お詫びの気持ちを伝える場合には「申し訳ございませんでした」という誠実さが伝わる言葉があります。依頼するときには「恐れ入りますが」という謙虚さを伝えるひと言があります。さあ、今日から美しい日本語を使い分けていきましょう。

相手が時間と手間をかけ、どんな思いでそのお茶を用意してくれたのかということに心をくだいて、「ありがとうございます」と伝えましょう。

この言葉は、何度言われても気持ちのいい〝魔法の言葉〟（マジック・フレーズ）といわれています。

また、帰り際にもう一度「美味しいお茶をありがとうございました」を添えることで、あなたの評価は一段と上がることでしょう。このストロークによって、この次はもっと美味しいお茶を入れてお出ししよう。という気持ちになる不思議な効果を生みます。
エレベーターの中でも同じような光景に出会います。

【事例】
Aさん「何階ですか？」
Bさん「五階をお願いします」
Aさん「五階ですね」
Bさん「すみません〜ん」
Aさん「！！！！！」

②「もちろんです！」

会合に参加したいという返事をもらった場面です。
「今度の会食に参加させていただきたいのですが、よろしいでしょうか」に対して、特に意識していないときは「はい、いいですよ」と事務的な応対になりがちです。特に、返事が遅くなったり、参加者の変更などの連絡で相手が恐縮している場面では、心から歓迎する意味を込めて「もちろんです！」と明るく伝えましょう。「いいですよ」よりも「もちろんです！」が気持ちよく受け入れてくれたという思いが伝わり、安心感につながります。親しい間柄であれば「もちろんです！そうこなくっちゃ～！」も嬉しいひと言ですね。

電話応対では、こんなやりとりをおすすめします。

【事例】

社員「申し訳ございません。課長の鈴木はただ今外出しております。午後二時に戻る予定ですが、いかがいたしましょうか」

お客さま「では、三時に私の方から改めてお電話させていただいてもよろしいでしょうか」

社員「もちろんです。それでは、三時にご連絡をお待ちしております。どうぞよろしくお願いいたします」

③「○○さんにお会いしたかったです！」

久々に友人や知人と再会した場面です。

「こんにちは」のあとに「○○さんにお会いしたかったです！」と言われたら、飛び上がるほど嬉しいですね。これは、存在そのものに対しての強力なストロークです。きっと、相手からも、「あら、嬉しいわ。私も○○さんにお会いしたかったのよ。お元気そうで何よりです」と、双方が幸せな気分に浸ることができます。

もちろん、この言葉は初対面のときにも使うことができます。

【事例】

私「はじめまして。私、オフィス山崎の山崎真理と申します」

相手「こちらこそ、はじめまして。○○と申します。かねがね山崎さんにお会いしたかったんです！」

私「ありがとうございます。とても嬉しいです。○○さんとこうしてお会いできたのも、何かのご縁ですね」

こんなストロークを交わした二人であれば、その後のコミュニケーションは、ますます盛り上がることでしょう。自分の素直な喜びの感情を、少しだけ勇気を出してうるおいのある言葉で伝えてみませんか。

④「ぜひとも、教えてください！」

人に何かをお願いするとき、あなたはどのような表現で伝えていますか。

「できれば、教えてください」という言葉をよく耳にします。これは、相手に遠慮した言い方として謙虚な感じは伝わります。しかし「できれば」ということは、無理に骨を折ってまで関わらなくてもいいのだ。今回は何が何でも教えることはしなくてもいいのだ。と受け取られる可能性もあります。これも値引きの言葉です。

自分が本当に知りたいことであれば、はっきりと勢いのある声で、「ぜひとも、教えてください！」と伝えましょう。この「ぜひとも」のひと言で、あなたの本気度が相手に伝わります。それによって、相手は何とかしてその期待に応えようと働きかけてくれるものです。

そして「ぜひとも、教えてください！」に対してのお礼の言葉は「この度はありがとうございました。○○さんのおかげで本当に助かりました（救われました）」と感謝の気持ちを伝えることで、相手もお役に立てたと実感がわき、きっと喜ばれることでしょう。

⑤「○○さんのおかげで、家族一同喜んで美味しくいただきました」

相手から贈り物をいただいたとき、あなたはどんな言葉で感謝の気持ちを伝えていますか。

「先日はありがとうございました」

もちろん、これも立派な感謝の言葉ですが、さらにこの贈り物をきっかけにして、相手との関係性をより親密なものにするために、プラスαの言葉を加えてみましょう。それには、相手の厚意のおかげで自分がどんな気分になったのか、こちらの様子を合わせて言葉で伝えてみるのです。

贈り物をするときは、先方はどんなものがお好みなのか、逆に控えている食べ物が何かあるのかと頭を悩ますものです。あれこれ悩んだ末に贈った品物が、果たして相手のお口に合ったかどうか、気に入っていただけたか、とても気になることはみなさんも経験がおありでしょう。そんな心配が贈り手にあるということを意識しておきましょう。「ありがとうございました」に加えて、どんなふうに嬉しかったのか、どんな気分でそれをいただいたのかを贈り手に、ひと言プラスαしてお礼を伝えてみませんか。

「ありがとうございました。○○さんのおかげで、早速美味しくご馳走になりました。妻も子どもも大好物で、毎年楽しみにしているんですよ」

このひと言を添えるだけで、本当に喜んでくださったことが伝わると同時に、お届け先の情報をつかむことができて安心します。ひょっとしてこのストロークによって、翌年も気持ち良くそのご厚意がいただけるかもしれませんね。

この原稿を書いているときのことでした。

長野に住んでいる二人の友人に、元気な毎日を過ごしてもらいたいと願って、高知の特産品のオーガニック野菜と土佐文旦や、ゆずを詰め合わせてお贈りしました。後日、お礼のメールには、とびっきりのストロークが書かれていました。

BEST　WISHが届きました。
嬉しぃ〜！
何とも嬉しい贈り物に、ただただ感激です。
どれもこれも長野県ではなかなかお目にかかれないものがいっぱいです。
どうしても高知に行ってみたくなりました。
素晴しい国ですね。
おぼろげながら、真理さんを育てたお国柄が見えてきます。
本当にありがとうございました。

また、電話をかけてきてくれたもう一人の友人は、開口一番「今、高知から玉手箱が届きました！　もう感激です！　真理さんのパワーもいっぱい入っていて、おかげで父ちゃんも私も元気になれそうです！」

彼女の弾んだ声を聞きながら、私も心満たされる幸せな気分に浸ることができました。

⑥「かけがえのない時間を過ごせました」

あなたにとって、とびっきり楽しく充実した時間を過ごすことができたとき、どんな言葉で表現していますか。

「とてもいい時間を過ごせました」

もちろん嬉しかった思いが相手に伝わるひと言ですが、「かけがえのない時間を過ごせました」という言葉に、私は格別の響きを感じます。時間を共有できた幸せ感に加えて、このひと言にはその先の可能性までもが含まれていて、何とも満たされた気分になります。

一日二十四時間、一年三六五日、これだけはどんな人にも平等に与えられているものです。「時間は最大の財産である」という言葉もあるように、自分の限りある時間を、相手のために、相手本位に捧げることが愛といえるでしょう。

あなたは、今までにどんな「かけがえのない時間」を過ごしてきましたか。そして、そのことを誰と分かち合ってきたのでしょう。

「かけがえのない思い出となりました」「かけがえのない人と出会えました」「かけがえのない存在です」

一人でも多くの人と分かち合える機会がもてることで、あなたは「かけがえのない人生」を手に入れることができるでしょう。

⑦「あなたは私の宝物」

今の子どもたちは、養育者から、最もこの言葉を欲しがっているといいます。

「宝物」と言われたら、自分は「大切な存在なんだ」「ここにいていいんだ」と安心し、穏やかな心になることでしょう。

あふれる愛情を注がれているという満足感を日々感じていると、ダメなことをしたときに叱られても、それをすんなりと受け入れることができます。将来つまずくことのないようにと願いながらの躾《しつけ》も、本当の愛情があっての関わり方です。

養育者のみならず、周りの大人たちも、もっと頻繁に「あなたは私の宝物」と存在に対するストロークを伝えて、子どもたちの心の安定をはかっていきましょう。
子どもたちは、私たちの大事な大事な宝物なのですから。

特に、第二子が誕生すると、今まで素直にすくすくと成長していた長男が、急に赤ちゃん返りをしてお母さんを困らせるという話があります。これは、今まで自分だけに与えてくれていたたっぷりのストロークの鉾先が、弟や妹に向けられ、長男がストローク不足に陥っているのです。

人は、肯定的ストロークがもらえなくなると、否定的ストロークでもいいから、それを求めて心の飢餓状態を埋めようとします。夜泣き、おねしょ、いたずら、だだをこねる……あえてお母さんの注目を浴びることをして、叱ってもらうことを選ぶのです。

「ダメじゃない！こんなことして……　もうお兄ちゃんでしょ！」

無関心よりは、お尻を叩かれることの方がましなのです。そんなときは「今日も一日いい子だったね。立派なお兄ちゃんになってるよ。○○はママの宝物よ」という承認の言葉とともに、毎晩一回ぎゅっと抱きしめてあげましょう。自己肯定感がもて、のびのびとした子どもに成長していきます。

養育者の中には、子育てに十分な時間が持てないと、やや肩身の狭い思いをされている人もいることでしょう。子育てにおいては、時間の長さではなく、ストロークの「質」を重視してみましょう。短い時間でも、心からのふれあいを大事にして育てていくことで、子どもは立派に成長します。

次の現象は、新入社員が入社してきた職場でも見受けられます。

人事の教育担当者は、一日も早く新人を一人前にしたいという思いで必死に関わってストロークを与えていきます。新人に多くを注がれる分、二〜三年目の社員への関わりは当然薄くなってしまいます。

そうなると、急に遅刻が目立つ、ポカミスをする、提出期限を守らなくなるといった問題行動を起こし始めます。自分からマイナスの行動をとることで、上司の関心を求めているのです。職場においては「あなたは私の宝物」とまではいかなくとも「この部署にとって、○○さんはいなくては困る大事な存在なんだ。期待しているよ」というストロークを送り続けていくことで、部下の心は安定してくるものです。

「行けるかどうか」ではなく「行きたい」と心に決める

私は、心理学のおもしろさと奥深さに興味を持ち、ある協会に所属して学びを続けています。その協会では、定期的な勉強会の他に、毎年一泊二日で年次大会が開催されます。一流の講師による基調講演をはじめ、全国の会員によるワークショップ、そして夜のストロークパーティーではお互いの存在を認めあい情報交換をする楽しい企画となっています。心理学を学び始めた人も、この年次大会に参加することで、全国レベルでの刺激のやりとりができ、成長につながるまたとない機会となっています。

毎年、そのお誘いを私が主宰するセミナー生にしたとき、「私、行けるでしょうか……」「職場で休みがもらえるでしょうか……」という人が出てきます。私の質問は「○○さんは行きたいの？　それとも行きたくないの？」のひと言です。「私は、どうしても行きたいです！」と強く心に思い、そのことを家族や職場の上司に伝えた人から順番に、諸事情もハラハラと解決して行けることになるから不思議です。これは固まった意志を自分の言葉でその本気度を伝えた結果、周りの人の心を動かし、それなら協力してあげようという態勢になるのです。

今までの経験の中で、自分の心に迷いや決断しきれない弱さがあるときは、結局は計画倒れになったり、当日キャンセルになってしまうことが多いと感じています。

「決断」とは、迷いを断つことです。迷ったら、自分の心に正直に聞いてみましょう。

「本当はどうしたいの？」

いつも自分の都合ばかり言って、休みたいときに勝手に休んで職場のメンバーに迷惑をかけるというのは考えものですが、一年に一度、これだけは外せないという行事については、堂々と理由を言って気持ちよく送り出してもらいましょう。休暇をもらうのはお互い様です。同僚が休んでいる間は、あなたができるフォローを精一杯していけばいいのです。新たに快い刺激を受けて、「また明日からの仕事に精出して頑張ろう！」と思える時間を持つことも、有意義な〝人生の箸休め〟と感じます。

あなたならではのさりげない感性が相手の心に響く

パソコンの普及により、最近は印刷された無機質な文字の郵便物が届くことが多くなりました。その分、手書きの手紙を受け取ることができたときには、ひと際嬉しい気分になります。手書きの良さは、相手の顔を思い浮かべながら、一字一字丁寧に書いてくださったその思いが、受け取った相手にやさしく届きます。その季節に合った便箋や封筒は格式も感じられますが、私は一枚の葉書を好んで送っています。

それは、便箋でいただいても、後で封筒から出して読み返す機会があまりもてないのが現状です。その点、葉書であれば受け取ったとき一回、保管するときにまた一回、最終的に処分するときにまた一回というように、最低でも三回は読み返します。手軽に身近に心が伝わる温かい存在に思えてきます。

そして、受け取ったとき、私はまず切手に目がいきます。記念切手であればそれだけでわくわくした気分になります。まして、その季節にあった切手が貼られていると、さらに相手の繊細な感性を感じて嬉しい気分になります。こんな素敵な切手をよく集めているなと関心することもしばしばあります。これは普段から四季の移ろいに敏感な人で、何かのときにはタイミングよくこの切手を貼って、相手に心を届けたいと思う気持ちがあるのでしょう。そして、受け取った人は、愛されている、大事な存在として認知されている、と感じる瞬間です。

しかし、記念切手は嬉しいのですが、中には季節がちぐはぐな切手を貼ってくださる人もいます。桜の季節に紅葉だったり、ひまわりの陽気な季節に水仙だったり……ちょっぴりガッカリです。

たかが五十円、されど五十円ですね。

一対一で向き合うエネルギーを惜しみなく与える

私は、半世紀を生きてきた中で、多くの人との出会いがあり、その中で、一対一で向き合うことの快い刺激をいただいてきました。一人の先生からの濃密なストロークのおかげで、次のステージに向かって力強く歩み出せるエネルギーをもらうことができたのです。

そもそも、私が講師という職業を選んだのは、小学六年生の担任の森尾先生との出会いに大きな影響を受けたことからでした。

始業式の朝、大掃除を終えた私は、自分が使った雑巾を片づけることを忘れて教室の窓に置いたまま着席しました。教室に入ってきた初めて見る森尾先生に、いきなり「この雑巾を使ったのは誰ですか？」とひと言。しまった！と思うと同時に「はい、私です！」と手をあげて答え、すぐに走って片づけました。その正直な行動を始業式の中でえらくほめていただくという出会いからスタートしました。

その後、日記を毎日書くという宿題が出されました。昼休み時間、森尾先生は職員室に戻らず、私たちと一緒に給食を食べてからクラス全員の日記帳を一冊一冊丁寧に読んでくれていました。よく書けているところには赤丸が入り、最後に赤ペンで三行から五行のコメントまで書いてくださったのです。中学受験を控えた一月、急に私が私立を受験したいと言い出したのには、両親以上に森尾先生が驚き焦ってしまいました。ただでさえ勉強が苦手な上に、受験勉強なんてまったくしてこなかったのですから無理もありません。急きょ、学習塾に通いながら模擬試験を受けるものの、結果はいつも「困難」の二文字ばかりでした。さすがに私も心配と不安な気持ちが募ってきて、それを日記に書いていました。その気持ちに森尾先生は親身になって向き合ってくれたのです。夜になると、「真理ちゃん、今日はどこまで勉強したの?」と頻繁に電話をかけてきてくださいました。この支えが何よりも心の安定につながり、奇跡的に志望校に合格することができました。

その中学校に入学できたおかげで、私は短期大学まで受験で苦労することなく進むことができました。その上に、無二の親友との出会いもありました。こうした私の人生をありがたく振り返るとき、たった一人の先生との出会いで、こんなにも人生は好転することを身をもって体験したのです。可能性を信じて、人を育てていくことの偉大さに賭けてみたいと思った瞬間でした。

その森尾先生の赤ペンの印象は、四十年経った私の中に鮮明に残っていました。看護学校で「人間関係論」の授業を担当した初年度から、八十名の学生のレポートを一人ひとりじっくりと読み、鋭い気づきが書かれているところには赤丸を入れている私がいました。そして最後にストロークを意識したコメントを赤ペンで書いて、その学生との対話の機会にしてきました。

ある年の謝恩会で、一人の学生が私の席に来てくれました。「私、今まで一度もほめられたことがなかったんです。一年の授業で戻ってきたレポートに、山崎先生が私のことをほめてくれたことが嬉しくてここまで頑張れました。本当にありがとうございました」と涙ながらに感謝の気持ちを伝えてくれたのです。二人で涙を流しながら、がっちりと握手を交わしたあの温もりは今でも忘れられません。それは学生からもらった私への最大のストロークであり、森尾先生のうしろ姿に少し近づけた気分になれた幸せな瞬間でした。

毎年三月の謝恩会は、心が花開く感動のひとときとなっています。

第7章

「値引きしない勇気」はあなたの内なる勝利

迷ったときは、誠実な行動を選ぶことで道は開ける

あるとき、ブライダルの貸衣裳のクライアント先からメールが届きました。

「一組のお客さまが来店されて、ウエディングドレスを選んでくださいました。ところが、新婦Aさまと新婦Bさまが決めた白のドレスは同じものでした。しかも、AさまとBさまは、偶然にも同じ企業にお勤めの方々ということが、スタッフとやりとりしているうちに判明しました。そして、後日、ご来店された新婦Cさまが大変気に入ってくださったピンクの色ドレスが、これまた偶然にもBさまが成約されたものと同じでした。その上、CさまもAさまとBさまと同じ企業で、しかも同じ部署の先輩後輩にあたるということが分かりました。どのような対応をすればいいでしょうか」という主旨でした。

さて、あなたならこの場合どのような行動をとりますか。

1 気づかなかったことにして、そのままお客さまと打ち合わせを進める。

2 正直にいきさつを話して、お客さまの気持ちを確かめる。

3 上司に相談し対応を委ねる。

このとき、Aさま、Bさま、Cさまを担当したそれぞれのスタッフは、入社二〜三年目の比較的若い社員でした。この経緯を正直にお話してお客さまが気分を悪くされないか、せっかく気に入ってくださっている衣裳をキャンセルされるのではないかと思い悩み、かなり動揺している様子でした。

同じ部署であれば、結婚式に列席される方の顔ぶれも当然同じ方もいると考えられます。このことを隠しておいて結婚式の当日に「あら〜、私と一緒の衣裳だわ……」と発覚することの方が却って気分を害されることでしょうし、誠実な応対とはいえません。これは、車のリコールと一緒だ！一日も早く、この偶然が重なったことに対してご報告が遅れたことのお詫びをすること、そしてその上で再度、お客さまの気持ちをお聞きする必要があることを伝えました。また、最悪の事態も想定して「それなら、やめます！」となったときの対応も考えておくことも必須です。それに代わる衣裳の目処は立っているのか、新作の衣裳が今から用意できるのか、お客さまのお好みの色のドレスをどこからか手配できるのか、これらの準備も必要です。

また、幸いにもお客さまが「それでも、この衣裳がいい！」と言ってくださった場合も、少なくても気分を害する思いをさせてしまったことは事実ですから、会社として誠意を見せることも必要でしょう。例えば、同じドレスでもブーケやアクセサリーを変えて、そのお客さまの個性を最大限に引き出して、雰囲気の違いを出せるコーディネートを一緒に考えて差し上げるのも一案と考えました。

これらの私の意見をお伝えし、責任者とも相談した上で迅速な対応をお願いしました。

その後、若い担当者が勇気をもって正直にお伝えしたところ、三人のお客さまから「わざわざ言ってくれてありがとう。だけど全然私は気にしていません。あのドレスとっても気に入っていますから……」というありがたいお言葉をもらったとのこと。しかも、その若い担当者がとった行動は、前撮りに同行して新婦のご実家までご一緒したそうです。そこで新婦のお母さまから「まぁ、素敵なドレスね。もう買い取れば……」との言葉までいただいたとのこと。そして披露宴にも立ち会ったことで、新婦Bさまから「○○さん（スタッフ）が付いていてくれたお蔭で、とても安心して心に残る披露宴となりました。ありがとうございました」と感謝の言葉をもらうことができたのです。

後日、報告を兼ねてこの件のふりかえりをする中で、言い辛いことでもお客さまに正直にお伝えし、誠実に向き合っていく勇気が信頼を得ることを学びました。そして、より深く関わっていこうとする姿勢をもつことで、主体的に動けることも共有しました。ブライダルの仕事は、そのお客さまと信頼関係を築いた上で、人生の晴れ舞台に「運命のドレス」を提供していく素晴しい仕事であることを、私たちは喜びをもって再認識しました。

この三名の社員がそれぞれに今回のドラマチックな経験を深く心に刻んで、さらに自信をもって成長し、キャリアを積んでいくことを願わずにはいられません。

値引き改善のヒント

言いにくいことこそ正直にお伝えし、プラスαの心づかいを行動で示すことが、ファンになってもらえるコツ。

自己開示の一歩が居心地のいい自分をつくる

あなたは、今までに自分の心を軽くしたいと望みながらもつい心を閉ざしてしまい、すっきりしない思いをしたことはありませんか。

以前、二日間にわたり「コミュニケーション能力向上研修」を行なったときのことです。一グループ四名に分かれて自己紹介から始めてもらいました。その自己紹介を聞いてリーダーを一人決めるのです。

あるグループの中に、無表情のままで「私は窓口で多くのお客さまと接しています。今日は接客の方法を学びたいです」と自己紹介した一人の女性職員がいました。しかし、その後のグループワークを見ていても、他のメンバーと積極的に関わりを持とうとしない様子です。私の中で気になる存在でした。

この研修は、やさしい心理学を活用して、心の働きを自己分析することから始めます。そして、自己理解を深めることで他者理解につなげていくということを目的にしています。二日目の研修の終わりに、ふりかえりとして「今までの自分・これからの自分」というテーマで感想文を書いてもらい、受講者全員の前で発表してもらいました。

その女性職員は「今まで、気持ちを抑えて抑えて自分を苦しめていることもわかっていましたが、今さら変えられないとあきらめていました。しかしこの研修で、自分はやさしさが足りないことに気づきました。人への関心もなく、自分にも職場にもマイナスを与えていました。天気がいいですね、今日は寒いですね、という当たり前の会話も、自分から肯定的に伝えることで、人から好きになってもらえることがわかりました。これからは人に興味をもって関わり、自分が変わっていきたいです。背中を押してくれた気分で、ここが居心地のいい空間になりました」と涙ながらに発表してくれました。

閉講式のあと、その女性職員はリーダーと抱き合いながら泣いています。それを温かく見守るメンバーに支えられて、彼女の瞳が輝いている姿に私も胸が熱くなりました。

人は、自分の言動に気づいたとき、それをひとつのチャンスととらえて自己開示することで、劇的に変化することができます。いつまでも過去にとらわれて、重苦しい心でいることは辛いものです。空しさは一番自分が感じていることでしょう。その気持ちをバネにして、新たな交流をつくり出していくことに目を向けて、一歩踏み出すその勇気が想像をはるかに超えた手応えをもたらしてくれます。

値引き改善のヒント

「気づき」が成長の出発点。変わるパワーはあなたの中にあります。

本物の感情を表出すれば自分の心が軽くなる

あなたは、怒りを感じたとき、その場で表出していますか。

人間の感情は、大きく二つに分けることができます。それは、「本物の感情」と「ニセの感情」といわれるものです。

「本物の感情」は、「喜び（幸せ）」「悲しみ」「怯え（不安）」「怒り」で、これらを表出することで問題の解決に向かいます。

一方、「ニセの感情」は、幼児期にストレス状況で経験したなじみ深い感情であり、養育者からのストロークをもらうために学習した代用感情です。成人の問題解決の手段としては不適切なものです。

例えば、幼い頃自分が怒りを表わしたら、母親に「女の子が大声で怒るんじゃありません！」と叱られたとします。その子は「後悔」しているようにおとなしくしていると、父親から「いい子だね」とストロークをもらったのです。このようにしてニセの感情を身につけていきます。その他に「罪悪感」「自己卑下」「イライラ」「かんしゃく」「攻撃」「恨み」「絶望感」「敗北感」など多数あります。

「本物の感情」の中で、「喜び（幸せ）」は、過去に起きたことが現在起こっても、将来にわたって起り続けても十分喜んでいい感情です。

「悲しみ」は、過去の喪失を受け入れるのに必要なあいだ続くものです。率直に悲しみ、涙を流して語り尽くすことで、亡くした人や失くしたものなしでやっていくための準備ができるといわれています。一親等が亡くなったとき、七日間の忌引きがあるのは、その間遺族や親せきとともに泣いて泣いて泣き尽くすために必要な時間であるということです。

そして、悲しみのどん底から立ち上がって、前を向いて生きていこうと思えるようになるための大事な感情表現です。中には、私は喪主だからしっかりしなければ……という責任感に駆り立てられて、充分に悲しむという感情を置き去りにして気丈に振舞っている人を見かけます。特に、「男は涙を見せるもんじゃない！」と養育者から言われて育てられた男性は、泣きたい気持ちを値引きしてしまうこともあります。

「怯え（不安）」に関しては、未来の脅威をさけるための行動につながる感情です。近い将来に起こりうる地震や危険を回避するのに役立つものです。人は、怯えや不安を感じるから、その準備をするのです。防災グッズや備蓄品を準備することや、老後のことを不安に思う気持ちから、貯蓄という準備を始めます。

「怒り」については、現在の脅威に対して怒りを表出することであり、抑える必要はなく、怒っていいのです。例えば、エレベーターの中で足を踏まれたとします。あなたはその場で「足が痛いです。その足どけてもらえますか」と言えますか。これを伝えることで相手は「あっ、ごめんなさいね」と言って足をのけてくれるでしょう。つまり「怒り」は、相手の変化を引き起こす行動につながります。

この怒りを抱えたままエレベーターを降りてから、同僚に「今朝、エレベーターの中で私の足を踏んでも平気な人がいたのよ。まったく！腹が立つわ……」と言えばこれは「イライラ」であり、ニセの感情です。職場で怒ったところで何の問題解決には至りませんね。人は、怒りの表出に対して特に値引きをしやすい傾向があります。他人から心理的に侵入されたとき、自分の領域を守るためには大事な感情です。「怒り」を感じている自分に気づいて、その場で反応していきましょう。「怒れない」というのはあなたの値引きです。ただ、怒れといっても、頭ごなしに強い口調で相手を攻め立てる言い方には注意が必要です。

例えば職場で、「お客さまとの電話中に、皆さんが大きな声で話しをされると聞きとれません！」と言えば、あなたの怒りが相手の怒りとして伝染していきます。この場合は「私」を主語にすることがポイントです。「大きな声で話をされると、大事なことを聞き返さなければなりません。お客さまに迷惑をかけてしまっては申し訳ないので、少し静かにお願いできますか」と自分の心情を素直に伝えると、きっと相手も素直に反省してくれるでしょう。

レストランで、注文した料理に髪の毛が入っていたらどのように伝えますか。

「おい！　料理に髪の毛が入っているとは何事だ！　取り替えろ！」ですか。これでは、すぐに腹を立てる器の小さな人間で終わってしまいます。

「私の料理に髪の毛が入っています。取り替えてもらえますか」と依頼形で伝えると、店員さんは素直に謝り、気持ちよく新たに料理を提供してくれることでしょう。

あの世界的ソムリエの田崎真也さんは、この場合、まず自分がお連れしたゲストに謝るそうです。「お皿に髪の毛を落とすようなお店に連れてきてごめんね」という気持ちを伝えるのです。それからスタッフを呼び、料理のお皿を取り替えてほしいと静かに伝えるのです。そこでスタッフを怒鳴ったら、せっかくの楽しい雰囲気も完全に壊してしまいますし、それはとてもゲストに失礼な態度になると言っています。

ふりかえってみれば、私も、「自分の気持ちに素直になりましょう」と言われても、実はピンときていませんでした。今の自分の感情をどのように素直に表出すればいいのかがわからず、その多くは「ニセの感情」で処理してしまい、何だかすっきりしない思いもありました。

ある時、卓越したカウンセラーである平松みどり先生から「感情にいい、悪いはありません。あなたの本音は何ですか。自分の感情は、人によく思われるために伝えるのではありません。本当の気持ちを出していかないと、いつまでもギクシャクした人間関係のままですよ」とのアドバイスに目覚めました。

それ以来、「怒りを感じたら、その場で伝えていいんだよ」と自分に許可を与えています。

値引き改善のヒント

ちょっと勇気を出して「本物の感情」を出すことが、ストレスを軽減できる自分になるコツ。

人は、辛口のコメントをもらうことで伸びていく

人の成長は、自分の成果をほめてもらったり認めてもらうことで、ぐんぐんと自信をつけていくことができます。

心理学の勉強会のメンバーの中から、インストラクターに挑戦したいと手をあげた人には、模擬講義をする六十分が与えられます。挑戦者には、その実技に向けてレッスンプランを綿密に作成してもらいます。今日のねらいは何か、理論をわかりやすく伝えるにはどんな事例を入れていくか、グループワークをどこで入れて共有していくか、まとめとして何を強調して伝えるかなど、講座をまるごとイメージしながらその準備にあたるのです。

そして、実技が終わると全員にチェックシートを配り、「良かった点」と「改善点」を具

体的に記入してもらいます。本人からの感想のあとに、メンバー一人ひとりからコメントをもらいながらふりかえりをしていきます。

このとき、良かった点をほめることは、みんな上手に伝えることができるのですが、「改善点」となると声のトーンが下がってしまいます。「自分にできていないことを、相手には言えない……」「こんなことを言うと失礼にならないかな……」などという値引きが起こります。ここが踏ん張りどころなのです。

人は、「良かった点」からは自信につながります。「改善点」からは大きな成長へのヒントが学べます。辛口であればあるほど、「あなたの成長を願って敢えて言わせてもらうよ」という思いがそこに含まれています。その先のさらなる成長に心のベクトルが向いていれば、コメントを出す人の気づきも感性も高まっていきます。「私のために、こんなにも真剣に見てくれている」と思うだけで感動につながります。

単に一緒にいておもしろい、お喋りして楽しい関係だけを続けている仲間で満足できますか。これだけではお互いの成長を喜びあえる機会は少ないでしょう。真剣に相手のことを考えて、一緒に自分の能力も高めていきたいと思うあなたであれば、ぐんぐん成長していきます。少しだけ勇気を出して「ねぇ、ちょっといい。実はね、私が最近感じていることなんだけど……」と冷静に向き合っていくことで相手からきっと感謝される日がくることでしょう。

パナソニックの創業者、松下幸之助は「学ぶ心」としてこのようなことを言っています。

自分ひとりの頭で考え、自分ひとりの知恵で生み出したと思っていても、本当は他から教わったものである。

教わらずして、学ばずして、人は何一つ考えられるものではない。

幼児は親から、生徒は先生から、後輩は先輩から、そうした今までの数多くの学びの上に立ってこその自分の考えなのである。自分の知恵なのである。

だから、よき考え、よき知恵を生み出す人は、同時にまた、よき学びの人であるといえよう。

どんなことからも、どんな人からも、謙虚に素直に学びたい。

学ぶ心が繁栄へのまず第一歩なのである。

日頃からこの学ぶ姿勢を身についておけば、改善点を指摘されたときにも「ありがとうございます。おかげで自分の可能性がまたひとつ広がりました！」という素直なストロークが返せるようになります。

値引き改善のヒント

辛口コメントこそが成長の源。
愛されている自分を実感して、ラッキー！で受け取りましょう。

「しまった！」のあとの行動が人間性のバロメーター

ＩＴの普及で、今やほとんどのビジネスマンが携帯電話を持つようになりました。とても便利なものであり時間をかけずに情報を引き出すこともできます。しかし、利便性の裏には失敗もつきものです。

ある大学で授業をしているときのことでした。一〇〇名の大教室で私が講義をしている最中に、携帯の呼び出し音が鳴り響きました。すぐに私は話を中断しました。すると女子学生は「えぇ～、切っちょったのに……」（土佐弁で、切っていたのにという意味）のひと言でした。その態度にカチン！ときました。これを見過ごしてしまうと、その学生は言い訳をすれば通るのだと勘違いをしてしまう。社会に出てからつまずいてはいけないと思い、静かにこう伝えました。

「○○さん、今電話が鳴ったことで私の授業はストップしました。九十九名の大事な時間も奪われて私は辛いです。そのことに気づいていますか」と。

反省した様子で「申し訳ありませんでした」の言葉があり、授業を再開することができました。

また、大事な商談が大詰めを迎えた席で、応対しているあるあなたの携帯が鳴りました。このとき、すぐさま「大変失礼いたしました！」とお詫びを言って、携帯の電源をブチッと切ることができますか。

目の前にいる人以上に大事な存在はないのですから、携帯電話が鳴るということは失礼極まりない行為です。目の前の人を最優先に考えなかったということは、その人の存在を低く見ている値引きです。中には、電源を切らずにマナーモードにする人がいます。上着のポケットや鞄の中に入れても、「ズーズー」と漏れ聞こえてきたときには、相手はまた不快な気分になります。そして信頼を失ってしまいます。「マナーモードにしとけばいいだろう……」と軽く思う気持ちは、マナー以前に人間性の問題です。

また、決してしてはいけないこと、それはメールを開いて読むことだけは慎みましょう。

メールの用件は気になるでしょうが、今は何が一番大事なのかを見誤ることのないように自分を戒めましょう。この失敗で、目の前の契約が破棄されたケースが現実に起こったことがありました。

最近は携帯電話を時計がわりにして、腕時計を持たない人を多く見かけます。しかし、商談中や大事な面接の場において、時間を知るために携帯電話をちらっと見ただけで、「メールを確認したのかな」「ここで携帯が気になるとは、失礼な人だな」と相手にそう思われても仕方ありません。

人は失敗もします。大事なのは、そのあとどういう対処をするのか、そこに人間性が表われます。「謝るときの晴れ舞台」という言葉があります。粗相のない状態では人は特に気にしませんが、失敗をしたあとは、どんなふうに謝ってくれるのか、どんな対処をしてくれるのか、お手並み拝見とばかりに相手は注目しています。

謝るときのポイントは、まず、とんでもないことをしてしまったという反省を込めて、「大変失礼いたしました」「申し訳ございませんでした」とすぐにハッキリ伝えましょう。そして頭を下げるのです。へらへらしてみたり、笑ってごまかすようなことは禁物です。

その後、休憩時間になってから「先ほどは、ご迷惑をおかけして申し訳ありませんでした。今後このようなことがないよう、十分気をつけます」と伝えることができたら、もう立派な晴れ舞台です。

値引き改善のヒント

誠実な謝りっぷりに人の心は動きます。
全身のエネルギーを注いでいく気合いを持ちましょう。

十六歳の生徒からもらった私の中の小さな勇気

なぜ私が「値引き」にこだわるのかは、この出来事に遭遇したことからでした。

それは、一九八八年三月二十四日、高知学芸高校一年生一行一九三人が上海で列車事故に遭い、生徒二十七人と引率教諭一人の尊い命が失われました。また九十九名の負傷者も出るという大惨事となりました。高知龍馬空港では、中国に向けてのチャーター便が用意されて、救援物資や医療品など徹夜の作業で搭載しました。

そして三日後、ご遺体をのせたチャーター便が到着し、空港に仮設された安置所に並ぶ棺に、何百人もの人が手を合わせてご冥福を祈りました。私は顔と足を負傷した男子生徒を車イスで機内から到着ロビーまでご案内しました。裏口のエレベーターを降りて到着ロビーに出てきたところで、カメラマンがその生徒をめざとく見つけて駆け寄り、足元に寝転がって、頭を垂れた生徒の顔を覗き込んで写真を撮ろうとしたのです。負傷した生徒の心の傷を踏みにじる何とも無神経なその行為が許せず、空港勤務以来、初めて自分の怒りを表出しました。「やめてください！生徒の気持ちを考えてあげてください！」と大声で怒鳴り、カメラのレンズを私の手で覆い隠したのです。男子生徒はすすり泣いていました。私も全身の震えが止まりませんでした。

そして、このあと死亡診断書を封筒に入れるよう上司から指示がありました。空港内は通常の出発便と到着便のお客さまの他に、学校関係者や報道陣でごった返しています。会議室もすでに使用中で空いた部屋はありません。せめて一番静かな場所で向き合いたいと考えた結果、東京行きのジェット便が出発した直後の出発ロビーが閑散としていることに気づきました。そして、イスの上を白いタオルで拭いてから、名前が書かれてある封筒を丁寧に並べて、初めて目にする死亡診断書を背もたれに立てかけて黙祷を捧げました。診断書の名前の横にある生年月日の欄に、昭和四十六年生まれを見たときは涙が止まりませんでした。「安らかにね、〇〇さん」と一人ひとりに声をかけながら封筒の中に収めました。

毎年、桜の開花とともに新入社員研修が始まります。期待と不安が入り交じった表情に、私も背筋が伸びるような緊張感に包まれる時期でもあります。

十六歳という若さで散ってしまった彼らは、どんなにかこの桜を眺めながら人生を歩んでいきたかったことでしょう。限りない可能性を秘めた自分の輝かしい未来を味わうこともなく、あまりにも早く人生の幕を閉じてしまった彼らの無念さを思うと胸が詰まります。

彼らの尊い命をむだにしたくはありません。彼らのためにも私は一生「値引きしない」と心に決めたのです。そして、より前に、より高く、次の一歩を踏み出す勇気を伝えていくのことを私の仕事としました。

そんな思いを、目の前に座っている新入社員に託したい気持ちでいっぱいになります。「どうかこの桜のように、美しく、潔く、そして純粋な気持ちで精一杯羽ばたいてほしいと心から願っています！」と力強いエールを送る勇気を、毎年天国からもらっています。

値引き改善のヒント

勇気はあなたの内なる勝利。自分を信じて最初の一歩を踏み出せば、未来は開きます。

第8章

「値引きしない生き方」こそが一流への近道

第一印象の決め手は四重のストローク

ビジネスでは第一印象が大事ということは、多くの人が知っています。また、人はよく「明るい人が好き」というものの、果たして自分がその明るい人間を印象づけるために、初対面での絶好のチャンスをどれだけ重要視しているでしょうか。

米国の販売王フランク・ベドガーが、著書『私はどうして販売外交に成功したか』（ダイヤモンド社）の中で、「服装が人物をつくるというはずはないが、しかし初対面の印象の九十%までは服装から受けるものである」と言っています。

これは、服のセンスではなく、いかに人間が視覚による情報から、人の第一印象を決定づけているのかということでしょう。相手にどんなイメージを与えるかによって、その後の人間関係が大きく変わってくるということです。

しかし、現場では、リベンジのきかない第一印象に心を砕くことに意識せず、平気で「腕組み」や「足組み」をしている人を見かけます。本人にとっては、この姿勢に馴染んでいて楽なのでしょう。態度は目から入る言葉です。「腕組み」をするということは、「あなたの言うことは受け付けないよ」という拒否の意味として伝わります。「足組み」は、「私の方が立場が上だぞ」という高圧的な態度として相手に伝わります。これは自分の人格を値引きしています。

この第一印象を好感度アップにつなげていくための秘策があります。相手に悟られることなく効果抜群の手法をここで紹介します。

第二章で説明したストローク（言葉や態度をとおして相手の存在を認めるすべての働きかけ）を使って、相手の心をつかんで好印象を与えていきましょう。

まず、お客さまが来社（来店）されたときには**「手を止める」**ことです。このときにキーボードを打つ手が止まらないということは、お客さまの存在よりも自分のやっている仕事が優先順位一番という意味とし

て伝わります。

次に、顔をあげてお客さまと「**目を合わせる**」ことです。立って仕事をしている人は、自分の身体の正面をお客さまに向けて立ちましょう。背中を向けたまま、顔だけお客さまを見るのは、まだ心を開いていない証拠で失礼にあたります。

そして、表情についてはビジネスの世界では満開の笑顔は必要ありません。「私に気があるのかしら……」という誤解につながってはいけませんので、ほっと気持ちが和らぐ「**三分咲きの笑顔**」でＯＫです。くれぐれも眉間に縦じわは禁物です。

最後に、元気な明るいトーンで「いらっしゃいませ」「おはようございます」等の「**応対用語**」をお客さまに届くようにハッキリと伝えます。

いかがですか。何をしゃべるか（応対用語）よりも、どのように伝えるか、その言いっぷりに実は本音が入っているのです。

この四重のストロークを、接客の第一印象を決める場面で活用すると、このような応対になります。

お客さまが来店されました。すぐに電卓を打つ手を止めて、立ちあがってお客さまの目を見て、にこやかな表情で「いらっしゃいませ」と応対します。

このストロークを全社員が徹底できたら「何て感じのいいお店なのかしら……」と、お客さまの心に響きます。さらに、お客さまの名前が分かっている場合であれば、「いらっしゃいませ。○○さま。いつもご来店いただきありがとうございます」「いらっしゃいませ。○○さま。お足元の悪い中（お暑い中、お寒い中、お忙しい中）お越しいただきありがとうございます」などと応対することで、予想以上の手応えがあることでしょう。そして、きっとあなたのお店や会社のファンになってくれるはずです。

相手の名前をさりげなく取り入れた上質の会話術

あなたは、初対面の人と会ったときや名刺交換をしたとき、どのタイミングで相手の名前をさりげなく入れた会話をしていますか。

祝賀会や異業種交流会など大勢の人が集まる中で、この人はコミュニケーション能力に長けているな。と感じる人に出会います。その人は、名刺交換が終わると、私の名刺を胸の位置に持ったまま、「山崎さんは高知の方なのですね。高知と言えばカツオのタタキが有名ですね。山崎さんは、お酒も強いんでしょ？」と、十年来の友人のごとく、ごく自然に私の名前を入れながら雰囲気を和ませてくれます。

反対に、名刺を交換し、手に私の名刺を持っているにもかかわらず、「あなたは高知の方なのですね。高知と言えばカツオのタタキが有名ですね。あなたも、お酒強いんでしょ？」と、「あなた」と呼ばれる会話に終始されると、何となくその人とは心の距離感を抱いてしまいます。

心理学では**「名前を呼ぶこと」**は、とても効果的なストロークとされています。

【お礼のストローク】

A「手伝ってくれてありがとう」

B「山崎さん、手伝ってくれてありがとう」

【ねぎらいのストローク】

A「今朝も早くからお疲れさまでした」

B「山崎さん、今朝も早くからお疲れさまでした」

【お詫びのストローク】

A「この度は、私のミスで不快な思いをさせてしまい、申し訳ございませんでした」

B「山崎さま。この度は、私のミスで不快な思いをさせてしまい、申し訳ございませんでした」

このように、名前をつけるということは「**他の誰ならぬあなたに**」という強烈なストロークなのです。目の前にいるあなたにお礼を言っていますよ。ねぎらっていますよ。お詫びをしていますよ。と相手の心に確実に響きます。このストロークは、お金もかからず、微々たるエネルギーで効果絶大というわけです。

さて、あなたは新人の頃、上司からどんな応対をされましたか。

上司A「お〜い、そこの新人」
上司B「ちょっといいかな、○○さん」

上司A「あっ、君かね。今度来た新人は……　厳しい状況だが、まっ、頑張れよ」
上司B「○○さんがわが部署に配属されるのを待っていたよ。これから一緒に頑張っていこう！」

新人にとって、この会社で本腰を入れて頑張ろう。と思えるのも、上司から一人の人間として存在を認めてもらえるストロークがあるか否かが大きく影響します。

「人間は、やる気をもった人材である」 これは私の人間観です。

やる気満々で入社してきた新人の可能性の芽を最大限に伸ばしていくためにも、名前を入れた会話は強力な武器となります。


ところであなたは、自分のファーストネームの由来を知っていますか。

ご両親はあなたの誕生をどれほど待ちわびたことでしょう。そして健やかな成長と幸せな人生を心から願い、一生懸命考えた末に命名したはずです。そして、成長の過程でその名前を呼ぶたびに、幾多の幸せも味わったことでしょう。しかし、成人すると「あんた」や「おまえ」にすり替えられてしまうこの現実……「あんた、すごいわね」や「おまえは、お行儀のいい子だね」とほめられたところで本当に嬉しいと感じますか。私はこの言葉を耳にするたびに悲しい気持ちになります。親身になって関わってくれているという心が伝わってこないのです。中途半端に自分の存在を認めてくれているように感じます。

以前に、ボールペン一本をお貸ししただけで「山崎さん、ありがとう」と言われたことに感激したことが今でも忘れられません。今でもその先生は、相手のことを大切に思い、絶妙なストロークを送り続けている達人であり、多くの人から慕われている存在の一人です。
私の所属する心理学の研究会に出席すると、朝からお互いに名前を呼び合った心地よいコミュニケーションが飛び交っています。

教授「山崎さん。おはようございます。今朝、高知からいらしたの？」
私「○○教授、おはようございます。今日は○○教授の講義を楽しみに上京しました。どうぞお手柔らかによろしくお願いします」

会員「あら、山崎さん。こんにちは。お久しぶり……お元気でしたか？」
私「こんにちは。元気ハツラツな○○さんにお会いできて嬉しいです。夜の懇親会も楽しみにしています」

と、こんな感じです。

テキパキとこなす仕事の達人から電話が入ったときのことです。彼らは、自分が一番伝えたいことがあると「実はですね、山崎さん」と落ち着いた声でひと言。私の心にぐっと響きます。そして、自然と背筋がぴんと伸びて、一字一句聞き漏らさずメモしなきゃ！という態度になるから不思議です。折り入っての話や本音を伝えたいときには「実はですね、〇〇さん」をおすすめします。きっと相手は、あなたの心の声までも真剣に聴いてくれることでしょう。

また、あなたは手紙を送るとき、相手の名前を意識して書いていますか。

受け取った側からすれば、一度も自分の名前が出てこない文面を見ると、味も素っ気もない事務的な印象だけが残ります。新年早々、楽しみにしている年賀状にがっかりしてしまう経験は、あなたにもあることでしょう。

【事例】

A「先日はお忙しい中、大変お世話になりましてありがとうございました。今後ともどうぞよろしくお願いします」

B「先日はお忙しい中、山崎さんには大変お世話になりましてありがとうございました。今後ともどうぞよろしくお願いします」

A「この度のきめ細やかなご配慮に、心から感謝しています」

B「この度の山崎さんのきめ細やかなご配慮に、心から感謝しています」

A「きっといい仕事ができると期待しています」
B「山崎さんなら、きっといい仕事ができると期待しています」

いかがですか。名前を付けるだけで社交辞令ではなく、「あなたに伝えたい」というホンネが伝わってきませんか。

一流と二流の違いがここにある

この名前をつけた応対に関して、私が全国に出張している際に意識して見ていることがあります。たったひとつの応対でここは一流なのか、それとも二流なのかを見分けるバロメーターになります。

それは、夜、疲れ果ててチェックインをしたときです。私が書いた宿泊カードを見ながら、フロントマンが「お客さま、本日のお部屋601号室です」と言って鍵を渡してくれるホテル。ここは残念ながら二流のホテルです。

もう一方は、「山崎さま、本日のお部屋６０１号室です」とすぐに名前に切り替えて鍵を渡してくれるホテル。ここは一流と感じます。

一度、お客さまの名前を知り得たならば、「お客さま」という十把ひとからげの集合名詞から、「山崎さま」という個の応対に切り替えができているかどうかです。これによって、宿泊客としての印象は「顧客として大事に扱ってくれた」という思いが伝わってきます。

「お客さま、こちらが朝食券でございます」
「お客さま、お荷物が一個届いておりますので、お部屋にお持ちします」

このホテルは、私のことを覚える気がないんだな。一見客として扱っているだけなのね。と思ってしまう私……このように、どの宿泊客に対しても「お客さま」という応対でサービスを提供すればよい。と考えているのであれば、何とももったいない話です。

実は、いつまでも「お客さま」としか呼ばないことは、サービスマンにとって顧客ができにくい状況を作っているといえます。お客さまとの心の距離感を縮めるストロークが的確に届いていないのです。この「匿名性」があることが、ひいてはサービスの低下にもつながります。

今、お客さまはマニュアルどおりの応対ではなく、「個」の応対を望んでいます。その気持ちを満足させるためにも、お互いに名前で呼び合う関係性が成り立つ場面を創り出していくことがポイントです。顔と名前を覚えることで親しみがわきます。そして不用意に傷つけたくないという配慮が生まれると同時に、その人の好みを覚えようとして、さらに関心を持って関わろうとします。永久顧客を増やす努力の第一歩は「○○さま」と個人の名前での応対に変えていくことです。

以前に、目白にあるホテル椿山荘東京に宿泊したときのことです。

タクシーで到着すると、すぐにドアマンが「いらっしゃいませ。失礼ですが、本日ご宿泊のお客さまでしょうか」と尋ねます。私が「はい、お世話になります」と言うと、「失礼ですが、お名前を教えていただけますか」と名前を聞かれました。「山崎と申します」と伝えたあと、すぐに「それでは山崎さま、フロントにご案内いたします」と名前に切り替えての応対になりました。おっ、さすがだな!と感心していると、フロントに着いたドアマンが、「ご宿泊の山崎さまがご到着になりました」とフロントマンに引き継いでいるではありませんか。それを聞いて「いらっしゃいませ、山崎さま。お待ちいたしておりました」という歓迎の挨拶をもらいました。その後、チェックアウトするまで、「お客さま」を耳にすることは一度もなく、すべて「山崎さま」での応対をされてとても気分良く滞在することができました。

世界をもてなすこのホテルの第一歩は、お客さまの名前を呼ぶ応対に徹することだったのです。

セカンドベスト（代替案）で相手の心を一瞬でつかむ

若い人のコミュニケーションの手段として「メール」と「携帯電話」が主流になってきました。その半面、職場にかかってくるビジネス電話に抵抗を感じたり、恐怖心を抱いてしまう傾向も少なからず出てきました。

電話は「習うより慣れろ」という言葉があります。たとえプールサイドで一〇〇冊の泳ぎ方の本を読んだところで、すいすいと泳げるようにはなれません。何度も鼻に水が入り、つらい思いをしながら徐々に泳ぎ方のコツを身体で覚えていくのと同じです。最初は呼出音が鳴っただけでもビクッ！　相手の会社名を聞いただけで頭の中が真っ白……できれば誰か出てくれないかなぁ、と願いながら仕事をしている人もいるようです。

そんな中で、丁寧にしかも機転が利く応対をされると、その企業に対する好感度は一気に高くなります。毎日かかってくる電話の中で、名指し人がすぐに電話に出ることができれば、取り次ぎだけで済むので特に問題はありません。離席や不在のときこそ、相手の期待以上に応えていくことで、信頼される仕事につながっていきます。

第五章でも電話の応対について紹介しましたが、ビジネスにおける電話応対は重要ですので、再度ここで事例を示していきます。

上司が出張中のときは、「申し訳ございません。課長の○○は、本日出張しております」と伝えると、相手は「じゃあ、いつ出社するの？」と思うはずです。そこを察して「明日の午後一時には出社する予定ですが、いかがいたしましょうか」とセカンドベストを提供するのです。ベストは課長が今この電話にすぐに出て応対することです。それが叶わない場合は、次のベストということで出社の日時をセカンドベストとして伝えていくのです。

配達受付時間が過ぎてからの依頼があった場合も、「本日の受付時間は終了しました」のひと言だけでは、お客さまを切ってしまう「切客」となります。「一番早い配達ですと、明日の朝十時にお届けいたしますが、いかがでしょうか」があると嬉しいものです。

また、接客応対で商品の在庫切れのときにも応用できます。「申し訳ございません。ただいまそちらの商品は在庫を切らしております。お取り寄せに三日ほどお時間をいただきますが、よろしいでしょうか」や、「お色違いとして、赤と青がございますが、いかがでしょうか」など、お客さまの気持ちを先読みしていくことです。

特に、上司が会議中にかかってきた電話の取り次ぎには注意が必要です。

多くの企業では、「申し訳ございません。課長の○○はただいま会議中です」のひと言に終わってしまうケースがあります。会議中ということは、社内にいるということです。それなのに電話口に出ないということは、お客さまからすれば、会議が優先なんだと受け止められてしまい、感じがよくありません。ここはウソも方便で、電話に出られないような重要な会議のときには、いっそのこと外出中にしておいて、伝言として承る方が無難です。くれぐれも会議が終わり次第「今日の会議は、外出中ということにしておきましたのでよろしくお願いします」と上司に伝えることをお忘れなく。

「ただいま会議中です」と正直にお伝えしたばっかりに、お客さまが憤慨して「あぁ、そうかい、君の会社はお客の注文よりも会議が大事なんだな！」と言って、大口の契約が吹っ飛んだケースもありました。

このように、お客さまを困らせない、不安にさせないためには、どんな情報を提供すれば満足していただけるのかを考えてみましょう。お客さまの望んでいることや、必要としていることを先まわりして行動を起こしてみるのです。ベストを提供できないときほど、目の前のお客さまに集中して関わることで、お客さまから「ありがとう」という感謝の言葉が返ってきます。このひと言は、サービスを提供する者にとっては、何よりの喜びとやりがいにつながっていくストロークになります。

「あとを見る」習慣がその人を磨きあげていく

新幹線を利用するたびに、すがすがしい光景に出会うことがあります。それは、ホームに降りる際に、自分が倒したリクライニングシートを元の位置に戻してから席を立つお客さまの後ろ姿です。また、空になったペットボトルや読み終えた新聞を自分のかばんに入れている人を見ると、ついお近づきになりたいと思ってしまいます。今までその席には誰かが座っていたという気配をゼロにすることができる人は、細やかな心づかいに満ちた行動がとれる人です。価値ある仕事をこなしているのだろうと容易に想像もできます。

それとは対照的に、到着した飛行機のビジネスクラスにはガッカリすることがあります。スリッパやひざかけが散乱している状態を多く目にします。ゆっくりくつろぎたいという気持ちはわかりますが、大雑把な人生を歩んでいる人かしら……と思ってしまいます。

人は、うしろ姿にその人間性が表われます。しかし後始末をすることに神経を使うことには、案外人間は弱いものです。大事な金庫を開けて印鑑を取り出すことは忘れませんが、鍵を閉めることは忘れてしまうのです。キャビネットを開けて必要書類を取り出したら、そのファイルを元の場所に元の状態で戻すことが抜かってしまうのです。あなたは、机の上に書類を出したまま、退社していませんか。

接遇研修で羽田にある全日空の訓練センターに行ったときのことです。休憩時間にジャージ姿のキャビンアテンダントの訓練生とトイレで一緒になりました。すると、手を洗った後、自分の使用したペーパータオルで洗面台の水しぶきを、半円を描くようにさっさと拭いてゴミ箱に入れたのです。何ともその所作が軽やかで美しく、企業文化を垣間見た瞬間でした。その訓練生一人だけが行なっていることかなと思って様子を見ていると、次の訓練生もまた同じように、あとをきれいに拭いて「お先に失礼します」と言って出て行きました。そのトイレにいるだけで爽やかな雰囲気が漂ってきました。

頭にくっついている髪の毛はさらさらできれいに見えますが、ひとたび洗面台に一本抜け落ちただけで、一気に不潔な印象に変わってしまいます。こんな不快な思いをした経験があなたにもあることでしょう。髪の毛が落ちている洗面台は誰もが避けたいものです。髪の毛は抜けるもの、ゴミは落ちるもの、席を立ったら自分のイスを机の中に入れ忘れて通路を塞ぐものです。机の上に大事な書類を広げたままコピーを取りに行ったり、外出することのないよう、あとを見る習慣を身につけていきましょう。行動を変えるときに、その場を「心の目」で見ることで自分磨きができます。このことは仕事の生産性を高めていくことにもつながります。

少年時代のイチローが、野球を本格的に始めようと決意したとき、父親の宣之さんは、当時四万円もするグローブを買い与えたそうです。

「最高の道具を使って一生懸命練習しなさい。そのかわり、いつまでも長持ちするように毎日心を込めて手入れをしなさい」という言葉を忠実に守り、今も毎日欠かさず気持ちを込めて磨いているそうです。これは、単に道具をきれいに使うという行為ではなく、自分の仕事に対して真剣に向き合い、ベストの状態をキープし続けるプロとしての心構えと感じます。

以前、私が、あとを見ることをしなかったために失敗した事例を紹介します。

研修のレジュメを作成し、それを添付ファイルで先方にお送りしたときのことです。やっと出来た！との安堵感から「送信」ボタンをクリックしたまま、すぐに外出してしまいました。ところが夜、パソコンの電源をOFFにしようとしたところ、「送信トレイ」に1件未送信が残っていたことが判明しました。レジュメの期限はその日だったのです。翌日、朝一番に研修担当者に電話をかけて丁重に謝りました。それ以来、メールを送るたびに「送信済みアイテム」を開いて、何日の何時何分に送信できたか、その時刻を自分の目で確かめるようにしています。「送信」と「送信済みアイテム」は、私の中ではセットとして位置づけました。

昨今、メールで仕事を進めていくケースが増えた分、受け取る側にとっては日々の処理に多くの時間を費やすことになりました。発信側はメールを送ったから見てくれるだろう、検討してくれているはずと思い込んでしまいます。しかし、毎日膨大な数が届いているメールの中で、一〇〇％開いて見てくれているとは限りません。便利さと同時に落とし穴がここにあります。特に大事な用件のときは、メールを送ったあとに電話を入れることが必須です。

「先ほど、十時二十分に○○の件でメールを送らせていただきました。届いていますでしょうか」と言葉を添えて確実に仕事を進めていきましょう。

自律した人は自由を手に入れている

私が心理学と出会い、「値引き」をしないことを意識するようになってから、多くの一流の先生を見てきました。その中で、値引かない生き方を体現している日本一、いや世界一のモデルを紹介します。

その先生は、TA（交流分析）のエキスパートでもあり、カウンセラーとしてもクライアントの心に寄り添いながら自律を支援している繁田千恵先生。「東京のおっかさん」と呼ばせていただいている私の師匠です。

繁田先生は二十年来、早朝ヨガに通われて自分の身体と向きあいながら心身のバランスをとり、また一年に二回は信州で断食をしながら体調を整えています。六十歳の還暦を迎えてからアメリカに留学され、交流分析による心理療法の専門家としてトレーニングを始められ、現在も現役として柔和な笑顔で社会活動をされています。同性として、こんな素敵な年の重ね方が出来れば最高だな。と思うほど、心の姿勢までもピンとされている姿は、まさに私の憧れです。

毎年三月には、繁田先生は日本で活躍されている一流のドクターやカウンセラーの方々と、アメリカ在住の師匠を訪ね、日本人のためのワークショップを企画・運営され心理学の自己研鑽を続けています。それぞれ停滞しているクライアントの事例を出し合いながら、皆で解決の糸口を探り今後に生かしています。

そして、一日の勉強会が終わると、繁田先生は広々としたハイウェイを颯爽と運転をして、ショッピングモールで買い物を楽しみ、新鮮なシーフード料理を囲んで仲間との語らいの時間を満喫されています。そんな姿に、私も人生の豊かな時間の過ごし方を学ばせていただきました。

「長いフライトだから、あとで疲れが残らないように、この旅はビジネスクラスを利用するの。そのために一年間一生懸命頑張って働くのよ」

一流の先生だからこそ、学び続けるということに対して値引きをせず、自己実現のために時間という財産を、生きた使い方に向けて計画を立て、見事に実践されています。

自分の思考・感情・行動に責任を持てる自律した人こそが、自由を手に入れている。と痛感しています。

その繁田先生が、七十八歳で脳梗塞の発作を起こされました。幸いにも手当が早かったために、後遺症が出ずに現在も生き生きと元気に過ごしていらっしゃいます。

「知らず知らずに、健康であることを過信していたわ。健康のありがたさを感じないなんて、これも一種の〝値引き〟ね」

「おっかさんにとって、〝値引きしない生き方〟ってどういう生き方ですか?」という私の質問に、「休みたいときには、ちゃんと休む。自分のために時間を使う。今、ここで自分はどうしたいかを考えて、毎日を選んでいる。それが自律した生き方だと思うの。自律とは、上手に甘えられること。甘えたいときに、誰に今話せばいいのか、誰と一緒にごはんを食べたいのか、ちゃんと自分に聞くことね。自律は、単純に、正直に、ね」

今年、傘寿を迎えられるおっかさんの言葉の重みを感じながら、改めて自分を値引きしない生き方を考えさせられました。

現在、ＩＴＡＡ（国際ＴＡ協会）の教授として、ＴＡの素晴らしさに惚れ込み、多くの人々にその指導をされています。

二〇一三年八月には、ＩＴＡＡ初の国際大会が大阪で行われます。こうして健康に過ごせることに感謝して、何かの形で貢献したい。との思いから、自ら主催者委員長を名乗り出て、今度は「他己実現」に精力的な毎日を過ごされています。

「だって、もう年ですから……」

「この年で、さて、何をしようかしら……」

二つの生き方を選ぶとしたら、後者の方に心豊かな幸せを感じます。自由とは選択肢が多い中から選べることです。自発的に、自分のやりたいことを、できる方法で取り組む。これが、東京のおっかさんから学んだ爽やかな生きざまです。

◆あとがき

私は二十年近く心理学を学んできました。そして、この「値引き」の意味も十分理解してきたつもりでした。

ところが、初出版に向けて活動を始めたとき、私の見本原稿を受け取ったある出版社の担当者から、「この内容では山崎さんの特性が見えてこないですね」と修正を依頼されました。それは、よりよい本づくりに向けてのアドバイスだったにもかかわらず、私は何を、どのように手直しすればいいのかまったくわからず、大きなストレスを抱えてしまいました。パソコンに向き合うものの、偏頭痛とともに気分が悪くなり睡眠障害に陥って、悶々とした毎日を過ごしました。私はこのとき自分自身を「値引き」していたのです。

「やっぱり私には本を書く資格はないんだ」

「所詮、本を出すなんて、私には無理なことなんだ」

思えば、今まで生きてきた人生の中で初めて自己否定をしたのです。さらに、このタイミングの時に、私は「乳がん」を宣告されました。

「なんで私が……」

「どうしてこんなときに病気になるの……」

もって行き場のないショックと焦りの中で、この病気にはきっと意味があることを神様は伝えたくて、私に試練を与えたんだ。と自分自身を奮い立たせて病気と向き合ってきました。

お蔭さまで、新たに企画書を完成させ、こうして一冊の本を世に出せる機会に恵まれ、やっと自己実現することができました。

今回の病気をとおして、「自己肯定感」を高めていくことが、今求められている大きな課題だと痛感しています。


がん人口、二人に一人。

近年、風邪と同様に、がんも治る病気と位置付けられるようになりました。しかし、自分の体調の変化や日々の生活習慣を値引きしてしまうと、恐ろしい結果になることも否めません。

私が治療にあたって心に決めたこと、それは「値引きだけはやめよう」ということでした。つまり、「先生にすべてお任せします」という向き合い方だけは避けたいと思いました。そのために、告知された最初の病院の教授に「この病気は私の病気です。後悔しないために、私なりに治療方針を検討したいと考えています。つきましては、こちらでのデータをすべて貸していただけますか」とお願いしました。快くCDにコピーしてくださったデータを持って上京し、セカンドオピニオンならぬ、サードオピニオンまで求めて治療方針を検討しました。三人の専門医を訪ね、掌サイズの手帳にメモしながら納得いくまで見解を伺うことができ、やっと私の心は決まりました。

私の意志が固まったのはよかったのですが、時間を要した分、がんも大きくなりステージⅠからステージⅡへと進行してしまいました。この時点で、正式に手術のお願いをしたものの、すでに二ヶ月先まで手術日は空いていないと言われ愕然としました。さらにリンパ節へ転移することに対して恐怖心を抱きつつも、決して「値引きしないぞ！」と心を強く持ちました。

〝今・ここ〟で私にできることは何か……

「大変勝手なお願いではありますが、こうなっては何とか一日でも早く手術をお願いしたい気持ちでいっぱいです。そのために仕事は如何様にでも調整しますので、万一、手術日に空きができましたら私にお声をかけていただけますか」と主治医に伝えました。

「値引き」をせず「求め上手」に徹したことで、運よく六週間も早く手術をしていただける奇跡が起きました。「値引きしない人生」はまだこれで終わりませんでした。

手術前の説明に伺ったときのことです。詳しい説明をひととおりお聞きしたあと、「実は私、ケロイド体質なのです。胸に大きな傷が残らないよう、最初から最後まで○○先生に執刀していただきたいのです。約束してくださいますか」と伝え、以前の傷跡を主治医に診てもらいました。

「わかりました。山崎さんのオペは私が執刀します」と、力強いひと言に救われたのです。オペ室で麻酔から覚めた私は、新人ドクターから「山崎さん、オペは無事に終わりました。○○先生が最後まで執刀してくれましたよ」というストロークまでいただくことができたのです。何という幸せな患者でしょう。その上、とてもねんごろに縫合をしてくださったおかげで、ケロイドにもならず見事な一本の筋が薄く残る傷跡となりました。今では、この胸の傷は、「値引きしなかった私の勲章」とさえ思っています。

乳がんから学んだこと、それは「病気の中に、肯定的な意図がある」ということでした。

この病気のおかげで、健康は当たり前ではなく奇跡であり、ありがたく尊いものであることを学びました。そして、悪しき生活習慣や無理を重ねる生き方を断ち切るために、警告してくれたことにも気づきました。おかげで今は、自分の身体と対話しながら、値引きをせず毎日を丁寧に過ごしています。自分の内面と向き合える時間が持てたことで、多くの希望や可能性につながる新たな選択肢があることにも気づくことができました。この病気は神様からのプレゼントであると思って感謝しています。

森信三氏の言葉に「人間は一生のうち逢うべき人には必ず逢える。しかも一瞬早過ぎず、一瞬遅すぎない時に」というひと言があります。

ベストタイミングで出逢えた○○さんのおかげで、今の私がいる。と心から思える人が、あなたにもいらっしゃることでしょう。私にも、節目ごとに人生の師匠となる方々との出会いをいただいてここまで歩んでくることができました。あらためて、私の人生に登場してくださった多くのみなさまに、心から感謝の気持ちでいっぱいです。

そして、今度は私が、あなたの人生にとって「逢うべき人」になれたら、こんなに幸せなことはありません。

最後までお読みくださいまして本当にありがとうございました。

あとにも先にも、あなたという存在は他にはいません。
マラソンよりも過酷で長い人生を、「値引き」の道を選ばず、自分で自分を励ましながら生きることができたら、きっと新たな価値を見出せることでしょう。
自分に期待しましょう。
八方ふさがりになっても、大空があいています。

「なりたい自分になる」そのパワーは、すでにあなたの中にあります。

この本が、あなたの背中を押す一冊のストロークになることを願っています。
そして、あなたにとって、かけがえのない人生を手にすることができますよう、心からお祈りしています。

謝辞

今回の初出版にあたっては、本当に多くの方々にお世話になりました。
そのきっかけをつくってくれたのは、二〇〇八年五月、当時看護学校一年生だった藤原弘宣さんとの出会いでした。「人間関係論」の授業が終わった休憩時間に「山崎先生は本を出したらえいに〜。さっきの授業でちゃんと先生の考えが言えよったき、絶対書けるちゃ〜。ほんならぼくらが毎年買うちゃおき〜」と、こてこての土佐弁で語りかけてくれたことで、私の中に眠っていた可能性の扉が開き始めました。藤原さんの斬新なひと言に感謝しています。

その年の十一月、東京で松尾昭仁さんと天田幸宏さんとの出会いが、未知なる出版をめざす本気につながりました。とくに、天田さんには出版プロデューサーとして五年にわたり、洗練された感性を惜しげもなくきめ細やかにアドバイスしてくださいました。天田さんの存在があったからこそ、この本がこうして誕生しました。感謝の気持ちでいっぱいです。ありがとうございました。

そして何より「値引き」というメカニズムに共感していただき、出版の機会を与えてくださった東京堂出版の名和成人さん、郷田孝之さん、鈴木淳さんに心からお礼を申し上げます。ありがとうございました。さらに、この本のイメージを見事に装丁に反映してくださった小笠原准子さん、ありがとうございました。
最後に、私の健康を気遣いながら陰で支え続けてくれた両親に心から感謝しています。来年のダイヤモンド婚式に向けて、私から一足早いお祝いとしてこの本を贈ります。

二〇一三年七月

山崎真理

※この本の印税の一部は、乳がん撲滅のための活動団体に寄付しています。

参考文献

『ＴＡ　ＴＯＤＡＹ』イアン・スチュアート／ヴァン・ジョインズ、実務教育出版
『日本における交流分析の発展と実践』繁田千恵、風間書房
『子育てに活かす交流分析』繁田千恵、風間書房
『ギスギスした人間関係をまーるくする心理学』安部朋子、西日本出版社
『交流分析のすすめ』杉田峰康、日本文化科学社
『新しい自己への出発』岡野嘉宏／多田徹佑、社会産業教育研究所
『イヤな自分は変えられる』池上岩男、こう書房
『対人関係解決法』加納正規、早稲田教育出版
『実践的思考法』浮世満理子、秀和システム
『プロカウンセラーのコミュニケーションが上手になる技術』浮世満理子、あさ出版
『「良い上司」の心理学』ミュリエル・ジェイムス、プレジデント社
『マネジメントの心理学』エーブ・ワグナー著、諸永好孝・稲垣行一郎共訳、社会思想社
『1日1分、30日で人生が変わる「話し方」「聴き方」の法則』下平久美子、ダイヤモンド社
『未来が輝く魔法の言葉１００』福島正伸、玄光社
『はじめてのＮＬＰ超入門』芝健太、成美堂出版

『「超」一流のサービス50のヒント』T・スコット・グロス、ディスカバー・トゥエンティワン
『現代のエスプリ　交流分析の新たな展開』江花昭一編集、ぎょうせい
『結局、仕事は気くばり』千田琢哉、宝島社
『天才・イチロー逆境を超える「言葉」』児玉光雄、イースト・プレス
『入社1年目の教科書』岩瀬大輔、ダイヤモンド社
『ＮＬＰ　神経言語プログラミング』高橋慶治、第二海援隊
『壁を越えられないときに教えてくれる一流の人のすごい考え方』西沢泰生、アスコム

接遇心理アドバイザー／研修講師

山崎真理（やまさき・まり）

オフィス山崎　代表

NHK高知放送局でFM番組のDJを担当したのち、全日空グランドホステスとして高知空港（現高知龍馬空港）で勤務。接遇インストラクターとして後輩指導にあたり、永久顧客の創造に尽力。37空港中（当時）高知空港が接客サービス部門で全国1位を獲得する原動力となる。

1992年、「接遇研修は心理学でアプローチする時代がきた」との確信を持ち、研修講師として独立。接遇インストラクターとしての豊富なキャリアに、人間関係の心理学である「TA交流分析」をミックスさせた研修をスタート。講師歴21年間で25,000人を超える受講者や学生との関わりの中から、すぐに自己否定する傾向のある人が陥りやすい「値引き」のからくりの法則性を見出す。

「値引き」しがちなビジネスパーソンの心の問題を一瞬で解決に導くメリハリのある研修スタイルは、「心に響くセミナー」の代名詞がつくほど。地方自治体から金融機関、医療関係までリピーターの企業も多い。1959年、高知市生まれ。

学習院女子短期大学人文学科英語専攻卒
日本交流分析学会員
日本交流分析協会准教授・TA心理カウンセラー
日本話しことば協会認定講師
1級カラーコーディネーター
日本色彩学会員

オフィス山崎
info@e-office-y.com
http://e-office-y.com

もう仕事も人生も「値引き」しない　人間関係がよくなる新しい生き方

2013年7月1日　初版印刷
2013年7月15日　初版発行

著者　山崎真理
企画協力　天田幸宏（コンセプトワークス株式会社）
協力　NPO法人 企画のたまご屋さん
発行者　小林悠一
発行所　株式会社東京堂出版　http://www.tokyodoshuppan.com/
〒101-0051　東京都千代田区神田神保町1-17
電話 03-3233-3741　振替 00130-7-270
DTP+本文デザイン　株式会社アトムスタジオ　小笠原准子
印刷所　東京リスマチック株式会社
製本所　東京リスマチック株式会社

ISBN978-4-490-20834-4 C0036